KB0066518

작은 집, 다른 삶

작은 집, 다른 삶

2015년 12월 11일 초판 인쇄 ○ 2015년 12월 21일 초판 발행 ○ 지은이 황수현 ○ 펴낸이 김옥철
주간 문지숙 ○ 편집 민구홍 ○ 디자인 안마노 ○ 마케팅 김헌준, 이지은, 정진희, 강소현
인쇄 스크린그래픽 ○ 제본 SM북 ○ 펴낸곳 (주)안그라픽스 우10881 경기도 파주시 회동길 125-15
전화 031.955.7766(편집) 031.955.7755(마케팅) ○ 팩스 031.955.7745(편집) 031.955.7744(마케팅)
이메일 agdesign@ag.co.kr 웹사이트 www.agbook.co.kr ○ 등록번호 제2-236(1975.7.7)

이 책의 국립중앙도서관 출판예정도서목록(CIP)은 서지정보유통지원시스템 홈페이지
(seoji.nl.go.kr)와 국가자료공동목록시스템(www.nl.go.kr/kolisnet)에서 이용하실 수 있습니다.
CIP제어번호: CIP2015033910

ISBN 978.89.7059.839.0(03610)

작은 집, 다른 삶   황수현 지음

집과 인간의 관계를 회복하다

건축가 부부 임형남, 노은주 씨가 충남 진악산 앞자락에 금산주택을 설계할 당시, 건축주의 요구 사항은 세 가지였다고 한다. "책을 위한 공간이 있을 것, 작고 검박할 것, 주변 집과 어울리면서 튀지 않을 것." 이 소박한 요구가 무한한 부러움을 자아내는 이유는, 그 말에서 삶의 구체적 양태를 연상할 수 있기 때문이다.

집은 거주자의 취향, 직업, 체형, 가치관, 이웃에 관한 생각, 세상에 관한 사유가 모조리 녹아 있는 삶의 집결체다. 마른 사람을 위한 집, 작가를 위한 집, 개를 위한 집, 요리를 위한 집, 음악을 위한 집……. 집을 과시나 투자 대상이 아닌, 삶을 담는 그릇으로 생각한다면, 집의 형태는 지구상에 존재하는 사람 수만큼 많은 것이 정상일지 모른다.

일본과 미국을 비롯해 세계 각지에서 일어나고 있는 작은 집 열풍의 핵심은 '삶이 부재한 집'에 대한 반감이다. 여기에는 불황 때문에 부득이하게 작은 집을 택하는 이들도 있지만, 어떤 이들은 극단적으로 작은, 선언이나 운동이라고 밖에 할 수 없는 집을 짓는다. 일본 변두리 시골에 세 평짜리 집을 짓고 사는 작가 다카무라 도모야(高村友也)는 미국의 스몰 하우스 운동을 조명한 책『작은 집을 권하다(スモールハウス: 3坪で手に入れるシンプルで自由な生き方)』에서 이렇게 말한다.

"이 나라, 이 사회에는 그저 평범하게 살아가려 해도 꼭 거쳐야 할 최소한의 관문이 너무 많다. 보통 사람처럼 생활하려 들면 우선 바쁜 일상에 적합한 이동 수단과 정보 수집 도구를 확보해야 하고, 옷차림도 나름대로 갖춰야 하며, 계약이나 재산 관리 같은 골치 아픈 문제와 팍팍한 사회생활 속에서 일어나는 각종 인간관계까지 신경 써야 한다. 이렇게 살다 보면 마치 평생을 이런 식으로 보내야 할 것 같은 불안감도 든다. 그리고 이 모든 것의 정점에 있는 것이 바로 '집'이다."

집에 삶을 저당 잡힌 사정으로는, 대한민국도 일본 못지않다. 집은 삶의 총체가 아닌 욕망의 총체가 됐고, 많은 이들이 크고, 넓고, 되팔기 좋은 집을 소유하기 위해 거의 반평생을 헌납한다.

2014년도 〈한국일보〉에 연재한 '작은 집 시리즈'는 한국판 작은 집 운동의 특징 또는 진척 정도를 가늠하기 위한 것이었다. 어떤 사람들이 어디에, 어떻게, 왜 작은 집을 지었을까, 그들이 건축가에게 요구한 것은 무엇일까. 막상 입주한 뒤에는 무슨 생각을 하며 살까.

서울에서 제주까지 전국 각지에 지어진 작은 집 아홉 채는 저마다 다른 사연을 품고 있었다. 경제적 사정 때문에 작은 집을 지었다가 협소함의 매력에 빠진 사람이 있는가 하면 큰 집에 목매는 풍토에 일침을 놓기 위해 분연히 나선 사람도 있다. 어떤 이는 "집이 좁아서"가 아닌 "집이 넓어서" 한탄했고 어떤 이는 성공한 중년의 상징인 널찍한 거실을 버리고 1인용 음악 감상실을 택했다.

여기서 공통적으로 감지된 것은 전복의 기운이다. 집을 둘러싼 인식의 전복은 예외 없이 삶의 전복으로 이어졌다. 겁 없이 전복을 감행한 이들은 '삶의 터'로서 위상을 회복한 집이 보내는 따스한 미소에 얼떨떨해하는 중이다.

작은 집 시리즈에 포함된 집의 조건은 첫째, 건축가가 설계한 집이다. 2011년 주택 열풍을 일으킨 땅콩집에 대한 주요한 비판 가운데 하나는 판으로 찍은 듯한 동일한 형태와 구조다. 아파트에서 주택으로 탈출하는 흐름의 중심에 '집은 자산이 아닌 삶을 담는 그릇'이라는 생각이 있다면, 각 집에는 건축주의 생활양식이 뚜렷이 새겨져야 할 것이고, 이것을 구체화할 수 있는 건축가의 개입이 있어야 한다고 판단했다. 무엇보다 삶을 건축으로 구현하기 위한 건축가와 건축주의 논의 과정을 보여주는 것 자체가 집에 대한 인식 전복의 첫 발이라고 생각했다.

둘째, 2014년도 기준 3년 안에 지어진 집이다. 건축은 도시, 나아가 그 국가의 가치관을 보여주는 가장 거대한 상징물이다. 주택에 대한 한국의 최신 인식 흐름을 보기 위해서는 최근에 지어진 건축을 눈여겨볼 필요가 있었다.

셋째, 규모에는 제한을 뒀지만 건축 비용에는 제한을 두지 않았다. 청빈함은 작은 집의 주요 동기 가운데 하나지만 이를 계몽할 필요는 없다고 생각했다. 작은 집 시리즈의 목적은 욕망의 절제가 아닌, 욕망에 대한 직시다. 남의 욕망이 아닌 자신의 욕망을 촘촘히 들여다보고, 그것을 나중이 아닌 지금 당장 충족시키자는 제안이다. 작은 집의 주인이 되기 위한 요건은 어쩌면 검소함이 아닌 자신이 필요로 하는 것에 대한 확신일지 모른다.

따라서 이 책에 부제가 있다면 '1억 원대 내 집 짓기'가 아니라 '다르게 생각하기: 주택편'이 더 정확할 듯하다. 빽빽한 아파트 숲을 역행해 제 욕망을 찾아간 사람들의 집짓기 여정을 엿봄으로써 우리는 그간 집과 응당

맺어야 할 관계를 얼마나 외면하고 살아왔는지 돌아보
게 될 것이다.

2015년 10월 16일
황수현

못되고 매력적인 연인

6×6주택

'집에서 무엇을 하고 싶은가.' 하는 질문은 곧
'당신은 어떤 사람인가.' 하는 질문으로 이어진다.
거주자의 정체성을 묻는 집은 주제넘지만
매력적이다. 우리는 어째서 한 번도 집에 그런
질문을 할 기회를 주지 않았을까.

1억 원이 있는 사람과 10억 원이 있는 사람에게 적당한 집을 말하는 것은 어렵지 않다. 방 개수와 화장실 크기, 벽과 바닥의 품질만 달리하면 될 일이다. 하지만 책을 좋아하는 사람과 고양이를 사랑하는 사람에게 어울리는 집을 말해보라는 요구에는 답이 쉽게 나오지 않는다. 그런 소소한 성향까지 집이 수용해야 하는가. 그것은 가구나 벽지 몫이 아니던가.

한국의 주택은 소통불능이다. 틀에 찍혀 나온 집들은 거주자가 어떤 사람인지에는 관심이 없다. 불통의 책임은 거주자에게도 있다. 그가 선택할 수 있다고 여기는 것은 책장 재질이나 벽지 무늬뿐이다.

당신에게 어울리는 집은 무엇입니까

2014년 2월 건축 전문 웹사이트 '디자인 붐(Design Boom)'에 한국의 실험 주택 하나가 소개됐다. 아직 시공에 들어가기 전이라 스티로폼으로 만든 모형뿐이었지만, 한 눈에 봐도 특이했다. 가로세로 6미터, 높이 9미터의 좁고 높은 집에는 안방과 작은방을 분리하는 벽도, 1층과 2층을 구분하는 천장도 없다. 집 중앙에 설치된 계단을 따라 오르다 보면 끊임없이 크고 작은 공간이 나타나는 구조다. 각 공간에는 장소의 성격을 가늠할 만한 (앉아서 TV를 보라고 손짓하는 소파나 볶고 끓이라고 부추기는 싱크대 같은) 어떤 것도 없다. 텅 빈 공간은 생각을 부추긴다. 여기서 뭘하지?

6×6주택을 처음 만난 것은 작은 집을 짓는 건축가를 조사하면서다. 6×6주택을 설계한 정영한아키텍츠 정영한 건축가는 2013년 10월 건축전 〈최소의 집, 첫

17

번째 전시〉를 총괄 기획하면서 건축가 세 명에게 각각 자신이 생각하는 최소의 주택이 무엇인지 물었다. 참여한 건축가들은 각자 자신이 생각하는 최소의 집을 제안했다. 가로세로 2.7미터 크기의 정방형 방을 중심으로 툇마루와 주방, 화장실을 붙인 한 칸짜리 집(김희준 건축가의 '정방'), 가로로 긴 일자 형태에 침실, 사랑방, 서재를 나란히 배치한 12평 크기의 집(임형남, 노은주 건축가의 '금산주택'). 이 집들이 공통적으로 가리키는 지점은 규모보다는 집을 향한 태도다. 40평대 아파트에 성취감을 느끼고 약속이라도 한 듯 거실에 대형 소파를 들여놓는 문화를, 이 집들은 정면으로 힐난한다.

작은 집에 관한 견해를 묻고자 찾아간 정영한 건축가는, 그러나 기대와는 전혀 다른 말을 꺼냈다.

"제가 말하고자 하는 건 규모가 아니에요."

그는 최소라는 말의 정의를 최소의 규모, 최소의 자재, 최소의 구획, 최소의 사회적 시스템으로 확대하고자 했다. 그가 6×6주택에서 구현하고자 한 '최소'는 건축가의 개입이다. 건축가가 공간의 쓰임새에 거의 개입하지 않음으로써 사용자가 각 공간의 성격을 정의내리도록 하는 것. 이를 위해서는 공간을 깨끗이 비우는 것이 선행돼야 했다.

"공간의 용도를 정의하는 건 일반적으로 거기 놓인 가구입니다. 침대가 놓인 곳은 침실, 식탁이 놓인 곳은 주방 외에 다른 용도로는 쓸 수 없어요. 그러다 보니 여러 공간이 필요해지고 집은 점점 비대해지는 거죠. 가구가 숨겨지고 집에 있는 모든 공간을 사용자가 직접 정의한다면 굳이 여러 방이 필요할까요?"

공간을 비우기 위해 건축가는 '퍼니처 코리도(Furniture Corridor)'라는 건축 개념을 만들었다. 집 가운데를 직육면체 형태로 관통하는 퍼니처 코리도는 가구, 싱크대, 냉장고, 화장실, 수납실, 조경, 환풍 시설, 그리고 계단까지 모조리 수납할 수 있는 일종의 시설 탑이다. 기존 빌트인 시스템과 다른 점은 가구뿐 아니라 화장실이나 계단 등의 공간까지 포함한다는 것이다. 건축가는 눈에 띄는 모든 것을 집 중앙으로 몰아넣은 뒤 미닫이문을 설치해 원하면 시야에서 차단할 수 있게 했다.

옷장과 싱크대가 사라진 곳에 남는 것은 공간이다. 어떤 행위도 일러주지 않는 이곳에서 거주자들은 스스로 무엇을 해야 할지 결정해야 한다. 침묵하는 공간은 말 없는 애인처럼 사람을 안절부절 못하게 만든다. 어디선가 "뭘 할지 생각도 안 해봤어?" 하는 질책이 들려오는 듯하다.

고정되지 않은 공간의 가능성

음식 갖고 장난치는 것 아니라는 말은 건축에 그대로 적용된다. 퇴근한 뒤 지친 발걸음을 이끌고 돌아온 집이 거주자를 채근해선 안 될 일이다. 건축가는 왜 이런 집을 설계한 것일까.

"주택 설계를 의뢰한 분들에게 어떤 집을 원하는지 물어보면 답은 한결같아요. '방 개수나 평수로 일관되는 공간 크기.' 공간에 관한 자기만의 취향을 가진 사람도 간혹 있지만 기본 아파트형 구조에서 크게 벗어나지 않습니다. 거주 공간에 관한 우리 인식은 지나치게 한정적이에요. 집이 좋거나 나쁘거나를 얘기할 때 기준은 늘 방 개수나 평수입니다."

그에 따르면 6×6주택은 하나의 거대한 질문이다. '여기서 무엇을 하고 싶은가.' 하는 질문은 곧 '당신은 어떤 사람인가.' 하는 질문으로 이어진다. 거주자의 정체성을 묻는 집은 주제넘지만 매력적이다. 우리는 어째서 한 번도 집에게 그런 질문을 할 기회를 주지 않았을까.

"거주는 새로운 경험이라고 생각해요. 공간 사용의 가능성을 높여 경직된 공간을 유연하게 만들고, 사용자가 능동적으로 공간을 정의해 여러 경험을 할 수 있도록 한 거죠."

그러나 휴식이라는 집의 고유한 기능을 외면할 수 있을까. 6×6주택의 특징은 공간의 가변성뿐이 아니다. 퍼니처 코리도가 집 한가운데를 차지하고 거주공간은 그 주변을 따라 배치된 구조 때문에 사용자가 누릴 수 있는 공간의 폭은 최대 1.5미터 정도다. 널찍한 방에 대자로 누울 수 없는 집은 좀처럼 상상하기 힘들다. 게다가 침대나 책상이 갖는 공간 정의의 힘을 완전히 제거하는 것도 사실상 불가능하다.

"사용자가 공간에 대해 얼마나 능동적인지에 따라 호불호가 갈릴 수 있겠죠. 그리고 집의 특성상 결국에는 공간의 성격이 고정될 겁니다. 매일 자는 곳을 바꾸거나 장소를 옮겨 다니면서 책을 읽는 건 비효율적일

테니까요. 그래도 공간에 관한 사유의 폭은 훨씬 넓어질 거예요. 사용자의 생활양식에 맞춰 집이 변할 수 있다는 게 핵심입니다. 가변적 여지를 위해 건축가 개입을 최소화하는 거죠."

그의 실험은 전작인 9×9실험주택에서 이미 그 실체를 드러냈다. 2013년 경기 양주시 장흥면 삼상리에 건축한 9×9실험주택은 가로세로 9미터에 높이 6미터짜리 2층집이다. 모든 설비를 집 중앙으로 몰아넣은 6×6주택과 달리, 9×9실험주택은 사방의 벽을 따라 책상, 싱크대, 가스레인지, 화장실 등을 배치하고 가운데를 비웠다. 구조는 반대지만 던지는 질문은 동일하다. 집과 어떤 대화를 나눌 것인가.

6×6주택은 규모로만 따지면 작은 집에 속한다. 그러나 그는 작은 집이라는 단어 자체가 부각돼 또 하나의 열풍으로 이어지는 것을 경계했다. 작은 집이라는 개념은 평수 늘리기에 매몰돼 필요 이상의 큰 집을 구매하는 세대에 한해 유효할 뿐, 중요한 것은 각자의 경제 규모와 생활양식에 맞는 적정 공간이라는 것이다.

"생활양식과 접점이 없다면 또 다른 획일화가 일어날 수 있습니다. 그러면 아파트와 다를 게 없어요. 또 하나의 레디메이드(readymade)가 탄생하지 않기를 바랄 뿐입니다. 헨리 데이비드 소로(Henry David Thoreau)의 말처럼 뻐꾸기가 남이 만든 둥지에 들어가 알을 낳듯, 자기 삶을 타인이 결정지은 획일화된 환경에 끼워 맞추는 수동적 주거는 이제 끝난 것 같습니다."

대지 위치	강원도 홍성군 둔내면 두원리(예정)
대지면적	768.00제곱미터(232.32평)
건물 규모	3층(3미터 층고 기준)
건축면적	36.60제곱미터(11.07평)
연면적	55.80제곱미터(17.78평)
건폐율	4.76퍼센트
용적률	7.26퍼센트
최고 높이	9.00미터
구조재	철골, 목조
지붕재	아연도 강판
단열재	내단열 방식
창호재	시스템 창호
내벽 마감재	석고보드 위 도장
바닥재	건식 온돌 위 마루
설계자	정영한아키텍츠 정영한
	www.archiholic.com

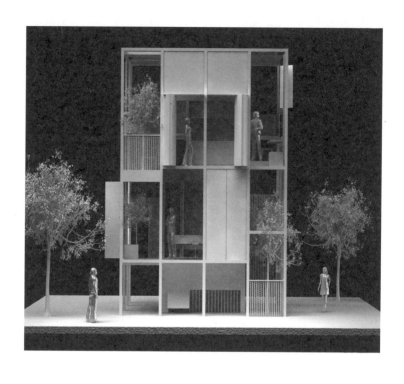

입면도. 가로세로 6미터, 높이 9미터의 좁고 높은 형태에, 방 사이를
구분하는 벽도 1층과 2층을 구분하는 천장도 없다.

입면의 여러 형태. 외부 벽체를 개폐할 수 있게 설계해
문을 열고 닫음에 따라 외관이 다양하게 바뀐다.

조감도. 당초 인구밀도가 높은 도심 소형 필지에 지을 계획이었으나
도시 외곽으로 위치가 변경되면서 설계에도 일부 변화가 생겼다.

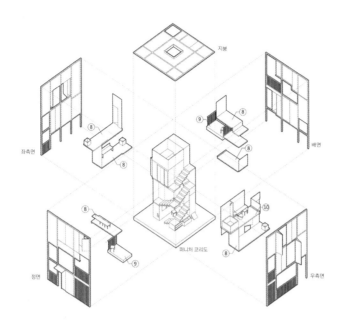

지붕

좌측면

배면

8

9

8

8

퍼니처 코리도

정면

9

우측면

8

10

8

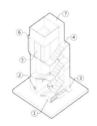

⑦

⑥

④

⑤

②

③

①

1 수납장
2 우편함
3 애완견집
4 계단
5 냉장고
6 주방
7 옷장
8 가변적 영역
9 테라스 정원
10 욕실·파우더룸

퍼니처 코리도 개념도. 주거의 필수 요소인 가구를 비롯해
계단, 화장실 등의 설비까지 수납한다. 빈 공간은 사용자가 그 성격을
정의할 수 있다.

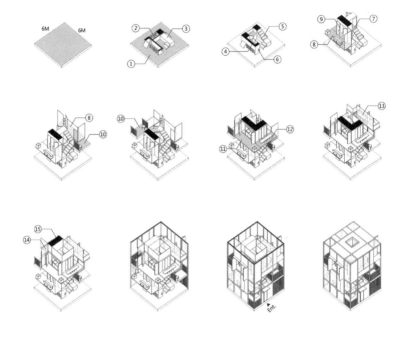

1 외부 정원	6 우편함	11 가변적 영역(주방)
2 애완견집	7 현관	12 가변적 영역(식당)
3 수납장	8 가변적 영역	13 욕실·파우더룸
4 창고	9 퍼니처 코리도	14 침실
5 계단	10 테라스 정원	15 옷장

6×6주택 다이어그램. 층 구분이 없는 6×6주택의
공간 개념을 확인할 수 있다. 집 중앙에 놓인 계단을 올라갈 때마다
계속 다른 공간이 펼쳐지는 식이다.

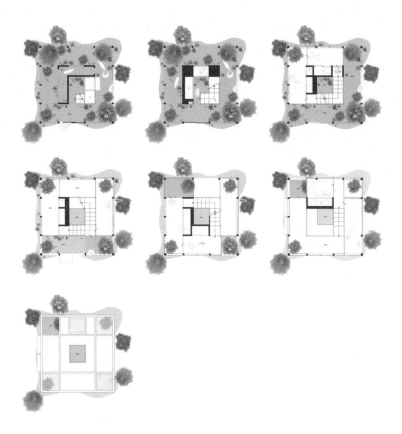

평면도. 3층 높이 집에 총 일곱 개의 평면도가 나온다.
집주인이 활용 가능한 면적을 볼 수 있다.

협소 주택? 극소 주택!

서울 종로구 몽당주택

다섯 평짜리 집에 산다고 하면 대부분의
사람들은 대부분 불가능할 거라고 생각해요.
실제로 살아본 적이 없는 데도요. 하지만 자신을
가두고 있는 상식이란 게 실재와 얼마나 다른지
우리는 모르고 있는 것 같아요.

3호선 경복궁역에서 자하문터널 방향으로 가다가 통인 시장 조금 못 미친 지점에서 왼쪽 골목으로 빠지면 오래된 거리가 나온다. 상점과 연립주택이 교차하는 풍경에 나른해진 시선은 길 끝에 선 3층 건물 앞에서 긴장감을 되찾는다.

대지면적 34.53제곱미터(10.44평), 건축면적 19.21 제곱미터(5.8평). 정신을 집중하지 않으면 두 세 걸음만에 지나쳐 버리고 말 이 작디작은 집은 건축가 안기현, 이민수 소장이 지은 '몽당주택'이다.

"일본에 협소 주택이 많은데 여긴 그보다 더 작아요. 협소 주택은 보통 10평 정도인데 이 집은 5.7평(1층), 4.8평(2층), 4.2평(3층)이에요."

2012년 9월 완공 이후 몽당주택에 살고 있는 집주인 K씨는 좁은 공간에서 몸을 부려야 하는 일이 마치 남의 일인 양 유쾌하게 말했다. 실제로 2, 3층은 성인 두 명이 누우면 꽉 차는 크기다. 1층은 그보다 약간 넓다. 협소 주택보다 더 작은 이른바 '극소 주택'이다.

엄마는 왜 욕망을 뒤로 미뤄요?

"큰 집보다 작은 집을 선호하시나 봐요." 내 말에 건축주와 건축가가 동시에 웃음을 터뜨렸다. "전혀 아니에요. 우연히 작은 집에서 살게 됐고 그 뒤에 생각이 바뀐 게 순서예요. 몽당주택은 우연에 우연이 겹쳐 탄생했어요."

몽당주택에 입주하기 전 K씨 부부가 거쳐온 집들은 대부분 아파트였다. 적당한 크기에 적당한 위치, 적당한 편리함을 갖춘 평범한 집들로, 한옥에 대한 로망을 가진 K씨가 고집을 부려 2년 정도 했던 한옥 생활이 부부가 집으로 시도한 유일한 모험이었다.

평범한 주거 생활을 영위하던 부부가 느닷없이 서촌에 손바닥만한 땅을 사게 된 것은 남편 때문이었다. 부부의 나이가 중년을 넘어서면서 남편의 노후 생활에 대한 걱정은 날로 늘어갔고 K씨는 그 걱정을 조금이라도 덜어주고자 땅을 사기로 결심했다. 10평 남짓한 땅에서 큰 수입을 기대할 수는 없겠지만 K씨의 말에 따르면 '안정제 개념'으로 산 땅이니 크기는 별로 중요하지 않았다. 하필 서촌이었던 이유는 K씨가 어린 시절을 보낸 곳이기 때문이다. "인왕산을 너무 좋아해요. 나중에 이 땅에 카페라도 들어서면 외부로 계단을 내서 가끔 옥상에 올라가 인왕산을 볼 속셈이었죠."

언뜻 소박하게 들리는 그의 꿈은, 그러나 아들의 날카로운 지적 앞에서 이면을 드러냈다.

"엄마는 왜 자신의 욕망을 뒤로 미뤄요?"

습관적으로 꿈을 연기해온 스스로의 삶을 돌아보지 않을 수 없었다. 지금 당장 불가능한 소원도 아닌데 계속 미루기만 했던 이유는 뭐였을까.

"집에 대한 기준이 언제부턴가 굳어져버린 게 아닌가 해요. 투자니 역세권이니 50평이니……. 이런 말에 속아서 원하는 걸 놓치고 살았구나 싶었어요."

극소 주택 프로젝트는 이렇듯 거대한 각성과 함께 시작됐다. 욕망의 불씨를 되살리는 데 기여한 아들이 건축가를 물색하겠다고 나섰다. 그가 찾아낸 AnL스튜디오 안기현, 이민수 소장은 2009년 인천 송도시 인천대교 위의 전망대 오션 스코프(Ocean Scope)를 설계해 독일 레드닷 어워드(Red Dot Award) 건축, 인테리어 분야 대상인 '베스트 오브 베스트'를 한국인 최초로 수상한 젊은 건축가들이다. 패션업에 종사하는 아들은 오션 스코프의 독특한 조형미에 반해 주택 설계 경력이 전무한 이들에게 설계를 의뢰했다. 그러나 무서울 것 없는 젊은 건축가들에게도 이렇게 작은 집은 난제였다.

최대 면적을 확보하라

"두 가지 원칙을 세웠어요. 첫째, 대지가 좁으니 건물에 허용된 부피를 전부 활용할 것, 둘째, 도로와 붙어 있으므로 개구부의 위치를 신중하게 결정할 것."

건축가들이 가장 먼저 한 일은 대지 위에서 건축 한계선이 허용하는 최대 면적을 확보하는 것이었다. 외장재는 두꺼운 노출 콘크리트 대신 얇게 붙일 수 있는 콘크리트 패널을 사용했다. 단 10센티미터도 아쉬운 상황이었다.

주방이 있는 1층을 제외하고 2층과 3층은 용도를 특정하지 않았다. 이불을 펴면 침실이 되고 걷으면 거실이 되는 다목적성은 작은 집이 갖춰야 할 필수 덕목이다. 집 한 쪽에는 1층부터 3층까지 관통하는 원형 계단을 설치했다. 협소한 공간에서 할 수 있는 유일한 선택이었지만, 둥글게 말려 올라가는 역동적인 형태 덕에 장식 효과를 톡톡히 봤다.

사선제한도 문제였다. 일조권 보장을 위한 사선제한 법조항에 따라 가뜩이나 작은 집을 2층 중간부터 3층까지 한쪽을 사선으로 잘라내야 했기 때문이다. 사선으로 기운 벽은 평범하지 않다는 점에서 기분 전환 효과는 있지만, 장롱 하나도 세울 수 없어 공간 활용 면에선 최악의 조건이다. 건축가들은 사선으로 잘리는 벽에 옷장을 놓기 위해 2층 바닥 일부를 한 단 낮추는 방법을 택했다. 덕분에 1층 주방에 있는 사람은 2층에 있는 사람의 다리가 왔다 갔다 하는 것을 볼 수 있는 독특한 구조가 탄생했다. 이곳을 막지 않고 뚫어 놓은 이유는 세 개 층으로 분절된 공간을 서로 연결시키기 위해서다. 건축주도 흔쾌히 동의했다.

"건축주의 요구 사항 가운데 하나가 2층에서 음악을 틀어도 집 전체에 다 들렸으면 하는 거였거든요. 저희도 좋다고 생각했어요. 일반적 크기의 집이 방과 복도로 연결돼 있다면 몽당주택은 각 층이 하나의 방이고 원형 계단이 복도 역할을 해요. 계단은 복도에 비해 이동성

41

이 좋지 않으니 이렇게 뚫린 공간을 통해 집을 시각적, 후각적, 청각적으로 통일시킬 수 있죠. 여기를 통해서 1층에서 아내 분이 커피를 마시다가 2층에 있는 남편을 부를 수도 있고 간단한 음식을 건넬 수도 있어요."

건축가들은 1층 바닥을 40-50센티미터 아래로 파내려가 손실된 층고를 복구했다. 사선제한으로 뺏긴 2층 공간을 땅 아래에서 되찾은 셈이다. 화장실은 1층과 3층에 하나씩 만들어 자주 계단을 오르내려야 하는 불편함을 최소화했다.

집 주변의 모든 것이 한 폭의 그림

공간 확보만큼 중요한 것이 창 위치였다. 몽당주택의 경우 주변 경관이 훌륭한 편은 아니었다. 건물의 좌우와 뒤로 집들이 빈틈없이 붙어 있고, 앞은 2차선 도로를 사이로 상가 건물과 마주보고 있다.

건축가들은 집 주변 풍경 가운데 쓸 만한 것을 고른 뒤 마치 액자에 담듯이 신중하게 개구부를 냈다. 집 바로 뒤에 붙어 있는 개량 한옥 쪽에는 길고 좁은 창을 내기와 지붕만 보이도록 하고, 도로와 면한 정면에는 2층부터 3층까지 위로 점점 넓어지는 사선 형태의 통창을 내 햇볕을 충분히 받으면서도 사생활이 보호되도록 했다. 창 위치도 건물 중앙이 아닌 가장자리로 잡아, 맞은편 상가 대신 인근 삼거리의 풍경을 멀찍이 담아내는 기지를 발휘했다. 몽당주택의 전망 가운데 가장 훌륭한 인왕산을 특히 적극적으로 활용했다. 3층 목욕탕에 낸 창 각도는 정확히 인왕산을 향해 맞춰져 있다.

　사실 몽당주택 탄생의 숨은 공신은 이 목욕탕이다. 만사에 걱정이 없는 아내와 달리 성격이 신중한 남편은 처음부터 극소 주택 프로젝트를 달가워하지 않았다. 상식 이하로 작은 집에서 살 수 없다는 남편을 어떻게 설득할까 고민하던 K씨는 남편이 목욕을 좋아하는 것을 이용해 "인왕산을 보며 목욕을 할 수 있는 노천탕 느낌의 욕조를 만들어주겠다"며 꼬드겼다. 남편은 결국 "2년만 살아보겠다"며 허락했다. 실제로 욕조에 앉으면 멀리 인왕산의 수려한 자태가 시원하게 뚫린 창 안에 그림처럼 담긴다. 2년만 살겠다던 남편은 언젠가부터 그 이야기를 입에 담지 않고 있다. K씨는 "아마 계단을 오르기 힘든 나이가 될 때까지 살게 될 것 같다"며 빙긋이 웃었다.

약간의 모자람이 큰 충만으로

몽당주택을 놓고 건축가와 건축주는 1년 넘게 대화했다. 건축주는 일과와 생활 방식을 정리한 원고 20여 장을 전달했고, 건축가들은 집주인의 철학과 제한된 규모, 건물의 조형미를 하나로 녹여내기 위해 고심했다.

1층의 세로로 길게 난 사선의 창은 그 소통의 결과물이다. 처음 K씨가 원한 것은 가로로 뻗은 직사각형의 창이었다. 그는 이곳을 행인을 위한 책 전시장으로 쓸 생각이었다. 번역가라는 직업 때문이 아니더라도 K씨는 유독 책을 좋아했는데, 괜찮은 책을 발견하면 혼자만 읽으려 하기보다 권하고 싶어 안달 내는 쪽이었다.

"내용이 훌륭한데도 잘 알려지지 않은 책을 1층 창가에 죽 꽂아놓을 생각이었어요. 그런 식으로 몽당주택 앞을 지나는 이들에게 은근히 추천하려고 했던 거죠. 지나가는 사람들이 '와' 하며 작은 기쁨을 누리고 가는 집이 되면 좋겠다고 생각했어요. 그게 꽃이든 책이든. 우리나라 사람들은 너무 집 내부에만 신경 쓰잖아요."

그러나 건축가의 눈에 아래로 길게 난 창은 좁다란 세모꼴의 건물과 조화를 이루지 못했다. 이들은 가로 형태의 창 대신 세로로 된 창을 제안했다. 이민수 소장은 "욕심을 좀 부렸다"고 솔직하게 말했다.

"비례나 조형에 정답은 없어요. 다만 저희 판단에 세로로 된 창이 더 어울릴 거라 생각했던 거죠. 몽당주택은 처음부터 최대한의 부피를 확보하는 게 지상 과제여서 조형미를 신경 쓸 수 있는 여지가 없었어요. 저희는 이 집이 그냥 작고 저렴한 집이 아니라 조형적으로 완벽한, 하나의 아이콘처럼 보였으면 했거든요. 그래서 욕심을 좀 부려본 건데 다행히 건축주께서 흔쾌히 동의해 주셨어요."

대신 건축가들은 1층의 한쪽 가장자리를 사선으로 날카롭게 잘라냈다. 도로에서 한 발 안으로 들인 모양새다. 이 소장은 "가질 수 있는 걸 다 가지지 않겠다는 의미"라고 설명했다. "도로에 네모난 집이 빈틈없이 붙어 있으면 굉장히 답답해 보여요. 이 부분은 자기 소유의 일부를 공공에 양보하겠다는 몸짓 같은 거예요. 나중에 여기에 작은 화분이라도 하나 놓을 수 있겠죠. 어차피 내부에서 이 공간은 계단 아래 부분이라 쓰임새가 많지 않아요." 사람들에게 즐거움을 주고자 하는 K씨의 바람은 건축가들의 언어를 통해 이렇게 다른 형태로 구현됐다.

몽당주택에서의 생활은 K씨 부부의 삶을 통째로 바꿨다. 부부는 이 집으로 옮기면서 짐의 상당 부분을 버렸다. 침대, 소파, 옷장은 물론이고 옷가지, 그릇 등 소소한 것도 전부 놓고 왔다. 남은 옷은 문짝 세 개짜리 장롱에 다 수납할 수 있을 정도다. 그나마 문짝 두 개는 남편 몫이다. "집이 사람을 만든다는 걸 실감하는 중이에요. 물건 살 때 신중해지는 건 물론이고 버리는 것의 쾌감도 알게 됐어요."

겨울에서 봄으로 계절이 바뀔 즈음 K씨는 2층에 앉아 노근노근하게 들어오는 햇볕을 받으며 가만히 앉아 있는 습관이 생겼다. 햇볕 길이가 달라지는 것을 보며 자연의 변화를 몸으로 가늠하고 있자면 잊고 산 것에 대한 소중함에 새삼 가슴이 울컥해져 남편을 바라보는 눈도 달라진다고 말한다.

몽당주택의 불편함은, 따지기 시작하면 한두 개가 아니다. 계단을 오르내리는 것도 지금은 괜찮지만 노년에는 어떻게 생각이 바뀔지 알 수 없다. 골목에 도시가스 배관이 없어 프로판 가스를 사용해야 하는 것도 일반적 기준에서는 받아들일 수 없는 흠이다. 하지만 K씨는 삶에서 느끼는 불편함보다 집으로 바뀐 자신의 모습에 더 경도된 듯 했다.

"합리화의 대가가 된 것 같아요. 좀 불편하더라도 이걸 또 언제 해보겠나 싶어 뭐든지 일단 그냥 하게 돼요. 하고 보면 또 어렵지 않고요. 다섯 평짜리 집에 산다고 하면 사람들은 대부분 불가능할 거라고 생각해요. 실제로 살아본 적이 없는 데도요. 하지만 자신을 가두고 있는 상식이란 게 실재와 얼마나 다른지 우리는 모르고 있는 것 같아요. 이 시대에 약간의 모자람이 얼마나 큰 충만함을 가져오는지……. 이 집을 통해 새삼 느껴요."

주변과 안 어울리고 뛴다

현재 몽당주택 디자인에는 또 다른 '비하인드 스토리'
가 숨어 있다. 처음 몽당주택이 들어섰을 때 주변의 반
응은 꽤나 호의적이었다. 인근 통인시장 상인과 주민은
오래된 연립주택이 즐비한 누하동 거리에 새로운 표정
이 생긴 것을 반겼다. 그러나 설계 당시 몽당주택은 도
시경관 심의에서 한 차례 떨어진 적이 있다. 이유는 경
복궁과 서촌 지역에 어울리지 않는다는 것이었다. 심의
위원들은 몽당주택의 회색 콘크리트와 가파른 사선 형
태가 주변의 평범한 건물과 조화를 이루지 못한다고 지
적했다. 한 마디로 너무 뛴다는 것이다.

　인왕산 바위의 색감을 고려해 마감재를 결정하고 가
파른 산세와 어울리도록 사선을 선택한 건축가들로서
는 그 말을 받아들일 수 없었다. "집 앞 삼거리에서 보
면 몽당주택과 인왕산이 한 프레임 안에 들어와요. 돌

산이 갖는 느낌과 형태를 유심히 보고 건물에 반영한 건데 심사 결과에 동의할 수 없었죠. 심사 기준이 애매하다고 생각했어요."

안기현, 이민수 소장은 이의를 제기했다. 위치가 경복궁 서측이라는 이유만으로 목적 없이 지어진 주변 건물과 같아져야 하냐는 것이었다. 그러나 심의 위원 측은 건물의 사선이 지나치게 날카로워 보이니 완화시켜야 한다는 의견을 굽히지 않았다. 결국 사선 각도를 30-40센티미터 가량 깎아낸 뒤에야 심의를 통과할 수 있었다.

우여곡절 끝에 완성된 몽당주택은, 지금은 다른 지역에서 일부러 보기 위해 찾아오는 동네 명물이 됐다. 인근의 한 부동산 중개 사무소 주인은 "하루에도 네다섯 명씩 와서 몽당주택 위치를 묻는다"고 말한다.

몽당주택의 미래는 어떤 모습이 될까. K씨는 계단을 오르내리기 힘든 나이가 되면 이곳을 심야 서점으로 만들고 싶다고 했다. "우리나라는 새벽에 슬리퍼 끌고 나갈 곳이 술집 아니면 카페 밖에 없잖아요. 일본에 갔을 때 대학교 앞에 새벽까지 문 여는 서점을 많이 봤는데 굉장히 인상적이었어요. 밤에 잠은 안 오고 갈 곳 없는 동네 사람들에게, 베스트셀러가 아닌 숨겨진 좋은 책을 권할 수 있는 따뜻한 서점이 됐으면 해요."

대지 위치	서울시 종로구 누하동
대지면적	34.53제곱미터(10.44평)
건물 규모	3층
건축면적	19.21제곱미터(5.81평)
연면적	49.12제곱미터(14.85평)
건폐율	55.63퍼센트
용적률	142.25퍼센트
최고 높이	7.95미터
설계자	AnL스튜디오 안기현, 이민수
	www.anlstudio.com

길고 좁게 낸 창문 안으로 집 뒤편 개량 한옥 지붕이 그림처럼 담겼다.

2층 전면에 사선으로 낸 창. 조망과 사생활 보호를 위해
위로 갈수록 창문의 면적이 넓어지게 디자인했다.

1층 데크에서 내부를 본 모습. 작은 테이블과 의자를 내놔
작은 마당처럼 사용하고 있다.

1층 주방에서 계단 쪽을 바라본 모습. 오른쪽의 하얀 문이
화장실. 계단을 오르내리는 불편을 줄이기 위해 1층과 3층에
각각 화장실을 만들었다.

2층. 옷장 외에는 가구가 따로 없어 이불을 펴면 침실로 책상을 펴면
공부방으로 쓸 수 있다. 집주인이 가장 많은 시간을 보내는 곳이다.

사선제한으로 한쪽 벽이 비스듬해진 2층에 옷장을 놓기 위해 바닥
일부를 40-50센티미터 낮췄다. 1층과 연결되는 부분을 막지 않고
터놓아 이곳을 통해 대화할 수 있다.

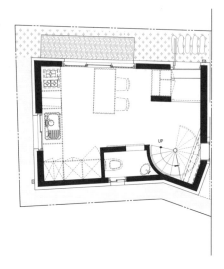

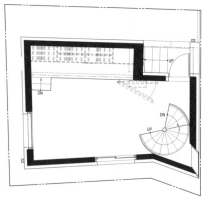

1층 평면도

2층 평면도

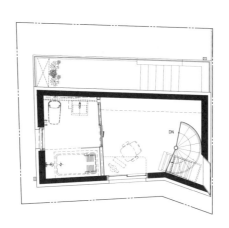

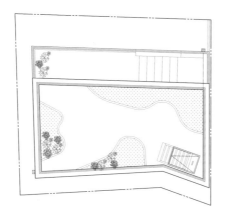

3층 평면도
지붕 평면도

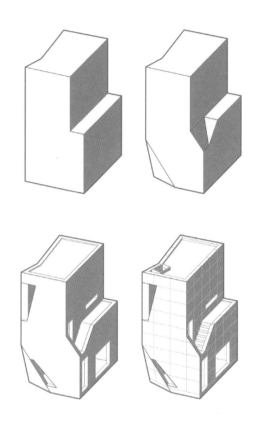

몽당주택 다이어그램. 건축 가능한 최대 영역 안에서 관련 법규를
지키고 조형적 요소를 고려하며 깎아 나갔다.

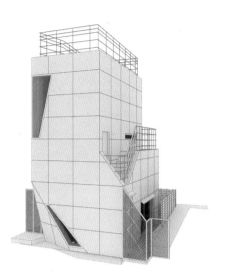

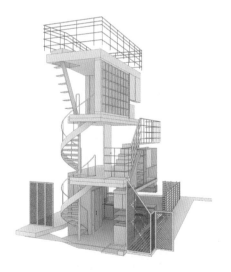

월세 대신 선택한 내 집

경기 군포 까만집

불편함은 부족이 아닌 과잉에서 왔다.
방 세 개 가운데 하나는 창고처럼 방치돼
볼 때마다 짐스러웠고, 집 곳곳에
안 쓰고 놀리는 공간이 너무 많았다. 부부는
집이 '쓸데없이' 넓다는 사실을 인정하지
않을 수 없었다.

2014년 여름 MBC PD수첩이 1,000회 특집으로 기획한 '임대업이 꿈인 나라'에서는 신사동 가로수길에 건물을 가진 사람 한 달 평균 수입이 약 1억 원이라는 내용을 보도했다. 직장인 월급이 10년 동안 6.64퍼센트 오르는 동안 가로수길 건물 매매가는 평당 2,000만 원에서 2억 원으로 1,000퍼센트 가량 올랐다. "이제 초등학생들조차 장래 희망으로 '임대업자'라고 쓴다"는 진행자의 멘트는 대한민국을 깊은 탄식으로 몰아넣었다.

노동하는 자가 바보가 되는 나라, 대한민국에서 건물을 소유한다는 것은 평탄한 삶을 약속하는 보증수표다. 가로수길 한복판의 고층 건물이 아니라 변두리 작은 건물이라도 그 약속의 무게는 상당하다.

2013년 초겨울 경기도 군포시의 한 오래된 주택가에 3층 높이의 까만 네모 상자 같은 건물이 들어섰다. 1층에서 미용실을 운영하며 2, 3층을 세주고 살던 건물주 권 씨 가족이 여기로 들어오면서 건물을 다시 지은 것이다. 다가구 주택이었던 2, 3층에서 나오는 월세는 가족의 오랜 고정 수입원이었으나, 권 씨 부부는 그 마르지 않는 샘을 과감히 포기하기로 했다. 내 집을 짓기 위해서다.

30평대 아파트 대 16평짜리 주택

권 씨 부부의 집은 미용실에서 조금 떨어진 아파트였다. 30평대 아파트는 부부와 대학생 아들, 세 가족이 살기에 부족함이 없었지만 이들이 느낀 불편함은 부족이 아닌 과잉에서 왔다. 방 세 개 가운데 하나는 창고처럼 방치돼 볼 때마다 짐스러웠고, 집 곳곳에 안 쓰고 놀리는 공간이 너무 많았다. 부부는 집이 '쓸데없이' 넓다는 사실을 인정하지 않을 수 없었다. '자고, 밥 먹고, 쉬는 공간 외에는 필요 없다'는 결론에 도달한 이들은 아파트를 처분하고 미용실이 있는 건물 터에 집을 짓기로 했다.

난생 처음 집짓기에 돌입한 부부는 나란히 건축 공부를 시작했다. 적게나마 꼬박꼬박 들어오던 월세도 포기하고 짓는 집이니만큼, 남에게 맡긴 채 손 놓고 있을 순 없다는 생각이었다. 'RC조' '콘크리트철근조' 등 생소한 용어가 난무했지만 내 집을 갖는다는 설렘에 힘든 줄

몰랐다. 그러나 의욕만으로 달려들기에 작은 집은 난공불락의 성이었다.

미용실이 있는 땅 면적은 91.4제곱미터(27.65평). 건축법이 허용하는 면적을 다 써도 건물 크기는 55제곱미터(약16.5평)가 한계다. 여기에 북쪽사선제한 때문에 건물 높이는 8미터를 넘을 수 없었다. 1층을 미용실에 내주고 위에 2층으로 집을 올리면, 8미터를 꾸역꾸역 세 개 층으로 나눠야 하는데, 그랬다가는 천장이 낮은 답답한 집에서 하루 종일 계단만 오르내려야 할 판이었다. 집이야 익숙해지면 그럭저럭 살 수 있다 쳐도 미용실을 찾는 손님들이 답답한 느낌을 받아서는 안 될 일이었다. 그렇다고 집을 한 개 층으로 하자니 16평 안에 방 두 개, 거실, 계단, 화장실, 다용도실까지 꾸려넣어야 하는데, 아무리 머리를 굴려도 답이 나오지 않았다.

1층에는 주차 공간도 필요했다. 주택이 밀집된 지역이라 주차 공간이 늘 부족해 주민들 사이에 언성을 높이는 일이 다반사였다. 집주인의 차와 미용실을 찾는 손님의 차, 두 대를 늘 주차할 수 있는 공간이 필수였다.

충을 없애라

머리를 싸매던 아내가 이루건축사사무소 이병익 소장을 찾아낸 것은 2013년 봄이다. 인터넷으로 건축가들이 설계한 주택을 검색하던 그는 장식 없이 간결하게 지은 이 소장의 집이 마음에 탁 들어왔다. 부부는 건축가에게 지금까지의 고민이 담긴 평면도를 팩스로 보냈다.

"도면을 보고 제 첫마디가 아마 '덮으세요.'였던 것 같습니다." 이 소장이 웃으며 말했다. "건축주가 16평 안에서 삶을 꾸릴 수 있는 방법에 관해 굉장히 깊이 연구하신 것 같더라고요. 건축 법규나 건축 자재와 관련한 지식이 해박하셨어요. 하지만 공간 구성에서 결국 한계에 부딪힌 상황이었습니다."

건축가는 스킵 플로어(skip floor) 구조를 제안했다. 스킵 플로어는 바닥의 일부를 반 층씩 높이거나 낮춘 구조로, 층을 명확히 나눈 집과 달리 내부에 다양한 층이 생긴다. 층이 명확하지 않다는 것은 각 공간의 필요에 맞게 천장 높이를 조절할 수 있다는 의미다. 이 소장은 천장이 반드시 높아야 하는 곳(거실과 미용실)과 천장이 높지 않아도 되는 곳(안방과 아들 방)을 분류하고 건물 안에 두 개 층과 세 개 층이 공존하는 구조를 만들었다. 단면도를 보면 거실과 미용실 현관은 1.5층 높이로 시원하게 튼 반면 잠을 자고 공부하는 공간은 1층 높이로 된 것을 볼 수 있다. 두 개 층으로는 면적이 부족하고 세 개 층으로는 높이가 아쉬웠던 상황은 이렇게 거짓말처럼 간단하게 해결됐다.

산술적으로는 거실 크기만큼의 면적을 포기한 셈이지만 남은 면적으로도 애초 구상했던 방 두 개, 다용도실, 화장실, 계단을 꾸리기에는 부족함이 없었다. 현관에 들어서면 바로 아들방과 화장실 문이 보이고, 여기서 반 층 올라가면 거실 겸 주방이, 여기서 다시 반 층 올라가면 안방과 화장실이 나오는 구조다. 여기에 작은 발코니는 덤이었다. 미용실은 진입부 쪽만 시원하게 터서 손님이 들어오는 순간 답답함을 느끼지 않게 했다. 머리 자르는 곳 높이는 안방 천장고와 동일하다.

스킵 플로어 구조를 택하면서 거실은 이 집에서 가장 인상적인 장소가 됐다. 4미터 높이로 탁 트인 거실은 시선을 위로 잡아당겨 공간의 협소함을 완전히 잊게 한다. 갤러리나 카페에서 느낄 수 있는 수직적 공간감은 일상의 권태를 몰아내는 데도 특효다. 부부는 이곳을 식사와 휴식, 독서, TV 시청, 대화, 심지어 수면까지 해결하는 다용도 공간으로 활용한다. 주차장은 미용실 현관을 골목에서 약간 안으로 넣어 임시 주차공간을 만들면서 해결했다.

"설계도를 보자마자 'OK' 했다"는 남편은 반 층씩 올라가는 계단을 가장 마음에 들어 했다. "모처럼 내 집을 짓는 건데 뻔한 구조보다는 좀 색다른 공간이었으면 좋겠다는 마음이 있었거든요. 3층집이라 계단만 한없이 오르게 될까 걱정했는데, 이 집에선 계단 몇 개 올라가면 공간이 나오고 또 조금 올라가면 다른 공간이 펼쳐지니 신기하기도 하고 재미있기도 합니다."

까만 박스에서 새어나오는 따스한 노란 불빛

공사가 진행되는 동안 건축주와 건축가의 합은 훌륭했다. 애초에 건축주가 건축가의 스타일을 정확히 파악하고 선택하기도 했거니와, 평소 이 소장의 지론이 "건축주가 만족하는 집이 최고의 집"이기 때문이다. 그는 좁은 공간을 최대로 활용할 수 있는 아이디어만 제공하고 구조나 인테리어, 디자인에 대한 것은 전부 부부에게 일임했다. 새하얀 벽과 원목이 조화된 아늑한 내부도, 수납공간을 벽 뒤로 숨기고 침대만 보이도록 한 안방도 모두 건축주의 취향을 따른 것이다.

단, 외벽 색깔에서는 의견이 부딪혔다. 밝은 색과 어두운 색 가운데 고민하던 부부는 검은색이라는 파격적 선택을 했고 건축가는 만류했다. "아무래도 불안하더라고요. 주변이 다 오래된 연립주택인데 그 가운데 까만 건물이 들어서면 폐창고처럼 보일 것 같았거든요." 건축가의 반대에 부부는 하루 내내 고민한 뒤 다음날 의견을 전해왔다. "그래도 검은색으로 하고 싶어요."

결국 숯처럼 짙은 흑색의 스톤코트(Stone Coat, 까끌까끌한 돌 질감을 내는 마감재)를 바르는 것으로 결정됐다. 외벽이 완성되는 날 이 소장과 남편은 집 앞에 나란히 섰다. 이 소장은 네모 상자 같은 외관에 재미를 주기 위해 모든 창의 형태와 크기를 달리해놓은 터였다. 어스름이 깔리는 저녁 무렵, 흑색 상자에 뚫린 창을 통해 내부의 노란색 불빛이 제 각각의 모양으로 새어나오는 모습을 본 순간 이 소장과 남편은 누가 먼저랄 것도 없이 마주 보고 하이파이브를 했다. 숯처럼 까만 외벽과 따스한 노란 불빛의 조화. 생각지도 못한 수확이었다.

집을 짓는 동안 위기는 오히려 바깥에서 찾아왔다. 다가구 주택을 헐고 집을 짓겠다는 권 씨 부부를 주변에서 말리고 나선 것이다. 미용실에 들른 동네 어르신들은 "젊은 사람들이 괜히 멋 부린다고 저런다"며 세 받아 사는 게 최고라고 설득했다. 계속되는 만류에 아내는 크게 흔들렸다고 했다. "그래도 고집을 밀어붙일 수 있었던 건 크기가 작았기 때문이에요." 대지가 넓고 건물이 높았다면 임대료에 대한 욕심을 버리기 힘들었을 텐데 오히려 작아서 포기하기 쉬웠다는 솔직한 고백이다.

2013년 11월 권 씨 가족은 드디어 완공된 집에 입주했다. 아파트 생활을 청산하면서 살림도 대폭 줄였다. 중후한 가죽 소파 대신 천을 씌운 간소한 소파를 놓고 고풍스러운 커튼 대신 요즘 유행하는 북유럽 풍의 경쾌한 면 커튼을 달았다. 임대료, 시세, 아파트 평수 등 부동산 시장의 모든 골치 아픈 문제에서 자유로워진 부부는 이제 옥상에 어떤 식물을 심을지에만 골몰해 있다. "블루베리를 키우려고요." 아내의 표정은 벌써 블루베리를 한 광주리 수확한 사람처럼 풍요로웠다.

변두리 동네에도 필요한 건축가의 손길

취재를 마치고 돌아가는 길, 이병익 소장은 현장에서 느끼는 작은 집 열풍이 대단하다고 말했다. "자기 집을 짓고 싶다는 의뢰를 올해만 벌써 네다섯 차례 받았어요. 30대의 젊은 신혼부부가 대다수인데 상황도 거의 비슷비슷해요. 서울 외곽에 아파트를 분양받았는데, 아파트 생활하기 싫다는 거예요. 차라리 집이 좀 작더라도 자기 구미에 맞는 집을 짓고 싶다는 거죠."

그러나 늘어나는 수요에도 작은 집 설계를 기꺼이 받아들이는 건축가는 많지 않다. 보통 설계비는 공사비에 비례하는데, 공사비 1억 원 안팎의 작은 집은 설계비도 줄어들기 때문이다. 건축 현장에서 작은 집이 대중화하지 못할 것이라고 예견하는 이유기도 하다.

그럼에도 이 소장이 작은 집 설계를 마다하지 않는 이유는 자신의 소신 때문이다. 블로그에 스스로를 '동네 건축가'라고 소개해놓은 그는 거창한 랜드마크나 갤러리처럼 특이한 디자인의 건물에만 건축가가 필요한 게 아니라고 말한다. 동네 구석구석, 오래된 주택과 오래된 상점이 난립한 골목에도 건축가의 손이 필요하다는 게 그의 믿음이다.

"열심히 공부해서 건축가가 됐는데, 설계비 적게 받으며 일하고 싶지 않은 마음은 이해하죠. 하지만 변두리에도 건축가의 손길이 필요한 곳이 많습니다."

그가 주장하는 것은 설계비 인하가 아니다. 기본 공간 배치나 내부 인테리어는 건축주 의견을 그대로 수용하되 스킵 플로어 등 전문 지식이나 아이디어가 필요한 부분에만 건축가가 개입하는 게 가장 이상적인 집짓기라는 것이다. 까만집은 이런 방식을 통해 탄생한 성공 사례로 볼 수 있다.

"집에 대한 사람들의 인식은 바뀌고 있는데 건축가들의 변화는 아직인 것 같습니다. 작은 집 열풍이 정말 의미 있는 흐름이 되기 위해선 대중과 건축가 둘 다 바뀌어야 합니다."

안정 대신 선택한 집, 결국 삶을 바꾸다

권 씨 가족이 까만집에 입주한 지 1년이 채 안 된 2014 년 9월, 이병익 소장은 전화를 한 통 받았다. 부부 가운 데 아내 권 씨의 전화였다. 양 입가에 늘 웃음을 매달고 사는 그였지만 유달리 목소리가 밝았다. "소장님, 저 미용실 접었어요." 이 소장은 깜짝 놀랐다. 까만집 설계에 큰 영향을 미쳤던 것이 미용실이다. 권 씨는 미용실이 크게 돈이 되지는 않지만 이웃과 소통할 수 있는 유일한 창구라며 시원하게 트인 미용실 천장을 보고 좋아했다.

20년 넘게 운영했던 미용실을 접은 것은 까만집 때 문이다. 집이 완공된 뒤로 권 씨는 집과 미용실이 외관 상 조화롭지 않다는 데 내내 생각이 미쳤다. 흑색 외벽 에 빙글빙글 돌아가는 오색찬란한 미용실 봉은 취재 당 시 내심 아쉬웠던 부분이다. 그러나 당연히 밖으로 꺼 내 말하지 못했다. 집을 위해 생업을 바꾼다는 것이 말이나 되는 이야기인가. 하지만 권 씨는 그렇게 했다.

"집 이미지랑 남성 컷트 전문점이 좀 안 어울린다는 생각이 들었어요. 마침 나이가 들어 눈이 침침하기도 했고요. 하나뿐인 아들이 군대 가고 나니 새삼 노년까지 할 수 있는 일이 뭐가 있을까 이리저리 고민하던 차에 집과 어울리는 일을 해보자고 결심했죠."

미용실 자리에 새로 문을 연 것은 목각 소품점이다. 나무의 느낌을 유독 좋아하는 권 씨는 까만집 인테리어를 할 때도 따스한 원목과 그것을 돋보이게 해주는 하얀 벽으로 내부를 꾸몄다. 가게 이름은 까만집을 따 '블랙하우스'로 지었다. 인도네시아 등 동남아 국가에서 수입한 수제 목각품을 중심으로 캔들 홀더, 와인 거치대 등 아기자기한 소품을 판다.

권 씨의 전화를 받은 다음날 이 소장은 블랙하우스를 찾았다. 시작한 지 얼마 되지 않아 아직 손님이 별로 없다고 투정하는 권 씨의 얼굴에는 새로운 일이 주는 의욕과 설렘이 가득했다. 이 소장이 말했다. "집이 삶을 바꿨네요."

대지 위치	경기도 군포시
대지면적	91.40제곱미터(27.65평)
건물 규모	지상 3층
건축면적	54.15제곱미터(16.38평)
연면적	125.00제곱미터(37.81평)
건폐율	59.25퍼센트
용적률	136.76퍼센트
최고 높이	8.35미터
구조재	콘크리트 옹벽(벽), 콘크리트 슬라브(지붕)
지붕재	평 슬라브
단열재	비드법 보온판 지붕 160밀리미터,
	벽체 85밀리미터
창호재	18밀리미터 복층 유리 복창
외벽 마감재	흑색 스톤코트
내벽 마감재	벽지
바닥재	강마루
설계자	이루건축사사무소 이병익

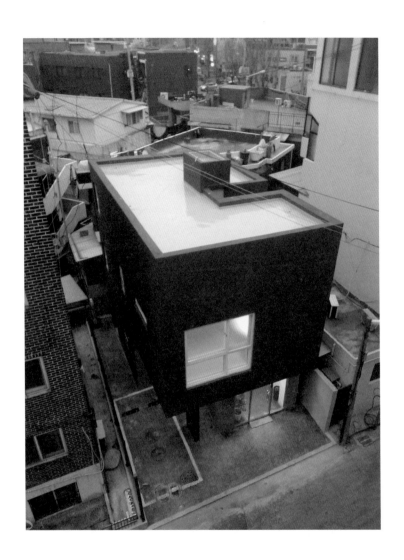

위에서 내려다 본 까만집. 2013년 11월 오래된 주택가 한가운데
들어선 까만집은 지금까지도 동네에서 가장 특이한 집이다.

2층 거실. 높이가 4미터에 이른다. 식사, 휴식, 독서, TV 시청, 심지어
수면까지 가족의 거의 모든 활동이 이뤄지는 공간이다.

2층 거실에서 3층 침실로 올라가는 계단. 침실엔 침대 외에
아무것도 놓지 않았다.

2014년 9월 까만집 1층에 문을 연 목각 소품점 블랙 하우스.
까만집과 어울리는 가게를 고민하던 권 씨는 20년 넘게 운영하던
미용실을 접고 소품점을 열었다.

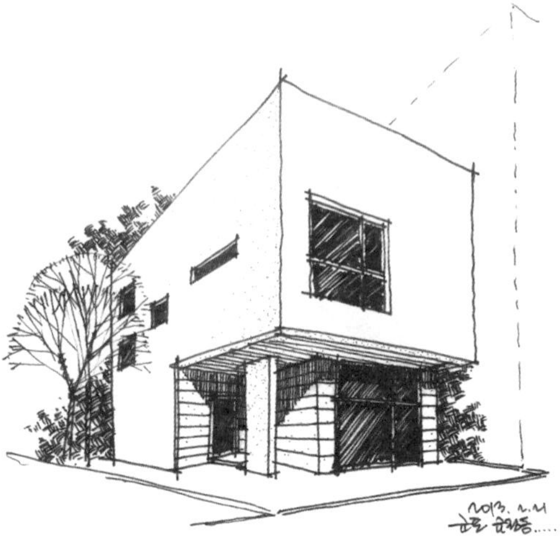

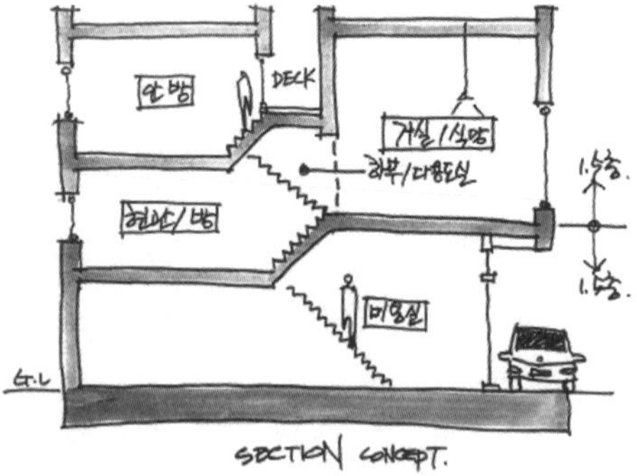
안방
DECK
거실/식당
하부/다용도실
현관/방
1.5층
1.5층
미용실
G.L
SECTION CONCEPT.

스킵 플로어 구조를 한눈에 볼 수 있는 스케치. 방과 거실의 높이를 달리함으로써 두 개 층으로는 면적이 부족하고, 세 개 층으로는 높이가 아쉬웠던 상황을 말끔히 해결했다.

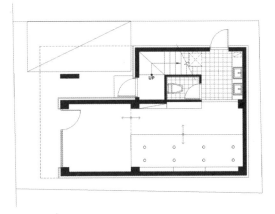

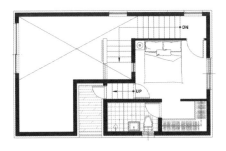

1층 평면도

2층 평면도

3층 평면도

안팎이 뒤바뀐 독신자의 집

충북 충주 문추헌

적절한 크기의 집은 그 안에서 생활하는 사람이
필요 이상으로 돌아다니지도 않고,
필요 이상으로 많은 자원을 소모하지도 않게
합니다. 적절한 크기를 넘어서는 집은
필요 이상의 가구를 요구하고 다시
더 큰 집을 필요로 하게 됩니다. 중요한 것은
'적당한' 크기입니다.

오늘날 한국인에게 벽지는 무엇일까. 손바닥만한 원룸을 전전하는 이들이 어김없이 맞닥뜨리는 대형 꽃무늬 벽지는 가난 때문에 견뎌야 할 몰취향의 상징이다. 합지와 실크 벽지, 다시 광폭과 소폭으로 나뉘는 벽지의 계급은 치열하게 늘려나가는 아파트 평수처럼 마땅히 쟁취해야 할 삶의 질의 척도이기도 하다.

집에 벽지를 바르지 않는 사람은 어떤 사람일까. 피라미드 같은 자본주의 생태계에서 멀찍이 떨어진 사람. 쟁취의 기쁨도, 상실의 설움도 마다한 채 자신의 세계를 단단히 다지는 사람. 그가 꿈 꾼 집은 어떤 모습일까.

충주 시내에서 20여 킬로미터 떨어진 무명의 산을 오르다 보면 흔한 농가 주택 사이, 노스님의 승복처럼 혈기를 말끔히 지운 듯한 회색 콘크리트 집이 보인다. 건축면적 55.48제곱미터(16.8평)의 네모반듯한 단층집. 근처 요양원에서 간호사로 일하는 김 씨가 지난해 5월 입주해 1년 가까이 살고 있는 '문추헌(文秋軒)'이다.

제가 그린 설계도 한번 봐주세요

한 지역에 오래 정착한 적이 없던 그가 갑자기 고향도 아닌 이곳에 자기 집을 짓기로 마음먹은 이유는 알 수 없다. 다만 예순에 가까운 나이가 수많은 원인 가운데 하나겠거니 추측할 뿐이다. 자신에 관해 말하기 꺼려하는 김 씨 대신 문추헌을 설계한 한양대학교 건축학부 서현 교수가 살짝 귀띔을 주었다.

"평생 외국을 다니면서 가난한 사람들을 위해 봉사한 분이에요. 몸이 좀 편해졌다 싶으면 거처를 옮기는데, 마침 충주에 땅을 샀나 봅니다."

김 씨가 서 교수를 찾아온 것은 2012년 5월이다. 정식으로 설계를 의뢰하려는 게 아니라 직접 그린 집의 설계도를 한번 봐달라고 부탁하기 위해서였다. 자신의 도면을 보고 있는 이가 건축계의 알아주는 글쟁이이자 "비닐하우스도 집"이라며 태풍에 강한 비닐하우스를 개발,

95

특허까지 받은 괴짜 건축가라는 사실은 아마 몰랐을 것이다. 그저 먼 친척의 지인 가운데 건축하는 사람이 있더라는 말에 그는 정성껏 그린 도면을 가지고 왔다.

설계도는 한마디로 집을 만들 수 있는 수준이 못됐다. 50제곱미터(약 15평) 남짓한 직사각형 집에는 방과 창, 싱크대 수치까지 자세히 적혀 있었지만, 2미터라고 표시한 곳이 2.6미터로 쓴 곳보다 길거나 방과 화장실에 필요한 기본 면적도 전혀 고려돼 있지 않았다.

어설픈 도면은, 그러나 들여다본 것이 미안할 정도로 그린 이의 부푼 마음이 노골적으로 드러나 있었다. 마당에 심을 나무는 "사철, 쥐똥"으로 수종까지 적었고, "나무 담장, 데크, 연못" 등 희망 사항이 소상히 쓰여 있었다. 벽난로라고 썼다가 X를 치고 화로로 고쳐 쓴 대목에 이르면, 어쩌면 한 번도 자기 몫을 고집해본 적 없는 그가 처음으로 부린 욕심이 아닐까 하는 섣부른 추측마저 들었다.

서 교수는 김 씨를 마주 앉혀 놓고 하나하나 설계도를 수정해갔다. 잘못된 수치를 교정하고 방과 화장실에 필요한 규모를 알려주었다. 그러나 그렇게 돌려보낸 뒤에도 마음이 편치 않았다. 이대로 두면 김 씨가 꿈꾸던 집은커녕 더 이상 건축이 진행되지도 못할 게 뻔했다. 서 교수는 결국 충주로 내려갔다. "생각했던 것보다 땅이 예뻤습니다. 제자들을 동원해 바로 설계도를 그리고 모형을 만들었죠."

문추헌은 이렇게 시작됐다. 설계비는 받지 않기로 했다. 애초 김 씨는 집을 짓는 데 5,000만 원 이상 들지 않았으면 좋겠다고 말했다. 서 교수의 건축은 늘 그 안에서 생활하는 인간에 초점이 맞춰져 있었지만, 그렇다고 그가 빈자를 위한 건축에 헌신해온 것은 아니다. 그러나 자기 몫을 주장하지 않는 사람의 주변은 그가 잊고 산 것을 대신 벌충하고자 하는 묘한 힘에 지배당하는 모양이다. "어떻게 설계비를 달라고 합니까." 서 교수는 그렇게만 말했다. 마침 그는 가락동에 아파트 9,500세대를 설계하는 대규모 프로젝트를 맡고 있었다. "돈은 여기서 벌면 되죠." 서 교수가 대수롭지 않은 듯 덧붙였다.

안팎이 뒤집힌 집

설계에서 가장 고려해야 할 사항은 절대적으로 부족한 예산이었다. 50제곱미터에 예산 5,000만 원이라면 평당 시공비는 330만 원 정도. 턱없이 낮은 금액이었지만 김 씨는 그 가격에 맞춰주겠다는 건설 회사를 용케도 찾아왔다. 건축가가 할 일은 여기서 비용이 더 늘지 않는다는 조건 아래 최대한 건축의 묘를 살리는 것이었다.

"콘크리트로 구조체를 만들고 겉에 적벽돌을 붙여 만드는 것이 가장 싸다"는 시공사의 말에 따라 벽돌집을 지으려던 그는 벽지를 바르고 싶지 않다는 건축주의 반대에 부딪혔다. "가식적인 것 같다"는 게 김 씨가 댄 짧은 이유였다. 하지만 선택의 여지는 많지 않았다. 서교수는 집의 안팎을 뒤집기로 했다. 외부는 콘크리트로, 내부는 주홍색 벽돌로 이뤄진 특이한 집이 탄생했다.

외장 콘크리트는 바둑판처럼 일정한 간격이 아닌 다양한 비율의 직사각형이 여러 지점에서 맞물리도록 분할했다. 조각보처럼 기워진 콘크리트는 차가운 회색 건물에 살림집 특유의 따뜻한 온기를 불어 넣는다. "이런 건 돈이 드는 게 아니거든요. 공사할 때 신경만 좀 쓰면 되는 일이에요."

비용 한계 때문에 벽의 양을 최대한 줄이느라 집은 네모난 상자 형태가 됐고, 따라서 들이치는 비나 주변의 시선으로부터 집을 보호할 장치가 따로 없었다. 건축가는 외벽과 같은 재질로 전면의 대형 창과 후면 출입부에 똑같은 모양의 캐노피(개폐구 상부에 비나 햇빛을 가리기 위해 설치하는 차양)를 달았다. 길 쪽으로 난 창 위에 깊숙이 드리워진 캐노피는 지나가는 사람들 시선을 차단하고 반대쪽으로 갈수록 점점 가늘어지면서 햇볕을 한껏 받아들인다. 볕의 각도가 바뀔 때마다 캐노피가 그려내는 각양의 그림자는 돌덩이 같은 집에 드리워진 유일한 표정이다.

내부는 단순하다. 김 씨가 처음에 구상했던 대로 주

방 겸 거실이 집의 중심에 놓이고 침실과 화장실, 세탁실을 한쪽으로 몰아 배치했다. 건축가는 여기에 다락방을 하나 추가했다. "짐이 많으면 품위 있는 생활이 어렵다"는 그의 의견에 따라 집 층고를 1.5층 정도로 높이고 성인이 앉을 수 있는 높이의 다락방을 만들어 오래된 책과 철 지난 옷가지 등을 쌓아둘 수 있게 했다. 덕분에 거실 층고가 높아져 크기가 같은 다른 집보다 훨씬 탁 트인 느낌을 준다.

거실과 침실을 나누는 벽에는 구멍이 뻥뻥 뚫려 있다. 적벽돌의 넓은 면에 난 구멍 세 개가 보이도록 벽돌을 세워 쌓은 것인데, 아이디어는 단순하지만 분리와 구분 사이에서 절묘하게 균형을 찾은 모습이 인상적이다. 원래 하중을 견디기 위한 목적으로 뚫은 구멍은 거실과 침실이 완전히 분절되는 것을 막는 동시에 두 개의 공간을 느슨하게 구분한다. 시각적 효과도 상당해 집을 방문한 이들의 시선이 가장 먼저 머무르는 곳이기도 하다.

천창을 통과해 들어오는 검박한 빛

건축이 진행되는 동안 김 씨는 인터넷에서 찾은 사진을 한 장 가지고 왔다. 일본 가정집에 난 천창 사진이었다. 자기 집을 짓고 싶어 하는 사람들 상당수가 가진 로망이 바로 이 천창이다. 그러나 집에서 뭔가를 끓이는 일이 많은 한국에서 천창은 사실상 애물단지로 전락하기 일쑤다. "결로가 생겨 물이 뚝뚝 떨어질 텐데 괜찮겠냐"고 묻는 서 교수에게 김 씨는 "그럼 닦으면 되지요."라고 응수했다. 아름다움을 위해 기능을 포기하는 이를 싫어할 예술가가 어디 있으랴.

서 교수는 천장에 길고 좁은 창을 낸 뒤 벽에도 같은 폭의 창을 내 둘을 연결시켰다. 천장에서 벽으로 직각을 이루며 이어지는 창은 하늘의 별과 맞은편 산의 풍경을 끊어짐 없이 담아낸다. 낮에는 좁은 창을 통과한 가느다란 햇볕이 주홍색 벽돌 위에 드리운다. 절제된 볕은 검박한 집에 더 없이 잘 어울린다.

워낙에 말수가 적은 김 씨지만 희한하게도 문추헌에는 건축가와 건축주의 교감 흔적이 뚜렷하다. 그 가운데 하나가 집 외벽에 박힌 금속 폼타이(form-tie)다. 시멘트를 거푸집에 부어 굳힐 때 틀이 벌어지지 않도록 박아 넣는 폼타이는 원래 시멘트가 굳은 뒤 망치로 쳐서 떨어뜨려 제거한다. 그러나 건축가의 눈에는 무덤덤함 콘크리트에 박힌 투박한 금속이 꽤 그럴싸해 보였다. 어쩌면 김 씨와 잘 어울린다고 느꼈을지도 모르겠다. 서교수는 폼타이를 그대로 놔두면 어떻겠느냐고 물었고 김 씨는 별 고민도 없이 동의했다. 펄쩍 뛰며 반대한 것은 오히려 시공자다. "아니, 비가 오면 녹물이 흐를 텐데 이걸 왜 그냥 뒤요." 그러나 건축가와 건축주가 모두 좋다는 데 반대할 여지가 없었다. 삐죽하게 튀어나온 금속재는 햇볕이 강해지면 회색 콘크리트 위에 길고 진한 그림자를 드리우며 존재감을 드러낸다. 전혀 다른 길을 걸어온 두 인생이 이 삐딱한 장식 위에서 일순간 조우했다고 생각하면 어딘가 흐뭇한 마음이 든다.

공사가 진행되면서 면적은 6.6제곱미터(2평) 가량 늘었고 비용도 5,700만 원을 약간 넘어섰다. 그 동안 서 교수는 마흔 번 가까이 충주를 왕복했다. 작지만 집주인의 모든 것이 걸린 집이라 한시도 눈을 뗄 수 없었다.

2013년 5월 집이 완공되고 김 씨가 입주했을 때 서 교수는 그에게 작은 액자를 벽에 걸어 선물했다. 액자 안에는 1년 전 두 사람이 마주 앉아 고쳐 그린 문추헌의 스케치가 들어 있었다.

옷 크기처럼 집의 크기도 개인이 규정해야

문추헌은 취재가 어려운 집 가운데 하나였다. 김 씨는 집이 유명해져 방문객이 늘어나는 것을 부담스러워 했고, 서 교수도 작은 집 전문 건축가로 알려지는 것을 달가워하지 않았다. 실제로 그가 설계한 집 가운데 작은 집은 문추헌뿐이다. "이 정도로 작은 집을 다시 지을 일은 없을 것"이라며 웃는 그는 작은 집을 선호하는 사람이 많아지는 이유에 대해 경제적 원인이 가장 크다고 봤다.

"크기가 작은 집을 선호하기보다 작은 집에서 살 수밖에 없는 경제적 규모를 가진 사람들이 주택을 선택 대상으로 상정하기 시작했다는 게 더 정확하겠죠. 주택은 짓기 번거롭고 비싸고 유지가 어렵다는 선입견이 있었는데 여기저기서 작은 집이 지어지는 사례가 알려지니 예산이 제한된 사람들이 단독주택에 관심을 갖기 시작했다고 생각합니다. 문추헌 보도 이후 제게 연락했던 분들이 가장 중요하게 생각했던 것은 모두 예산이었어요."

그러나 비용 절약에 대한 기대로 작은 집에 도전한 이들은 실망하기 일쑤다. 건축면적과 건축비가 결코 비례하지 않기 때문이다. 그러나 처음 건축을 접한 사람 가운데는 이를 이해하지 못하고 건축가, 시공사와 얼굴을 붉히는 이들도 흔하다.

"가장 중요한 것은 집의 크기에 맞는 예산입니다. 건물은 재료비와 인건비의 조합으로 지어지는 것이어서 가장 기본적인 예산 문제가 해결되지 않으면 결국 건축주와 시공자 사이에 분쟁으로 이어질 가능성이 높습니다. 적절한 예산이 확보되면 그 예산에 적절한 건물 크기를 추정할 수 있고 그 건물이 얼마나 좋아질 수 있는지의 문제는 그 다음에 해결됩니다. 그때 좋은 설계가 필요할 겁니다. 물론 좋은 설계가 공사비를 내릴 수 있지만 항상 한계 안에서 움직이죠."

서 교수는 작은 집 열풍이 '적절한 크기의 집'의 개념을 환기시킨다는 의미에서 긍정적이라고 평가했다. 크고 넓은 집을 성공 기준으로 보는 사회 분위기 때문에 필요 이상으로 큰 평수를 택하는 사람들에게 '과연 당신에게 적절한 크기인지'를 자문해볼 수 있게 한다는 것이다. 이는 작은 집 열풍 때문에 필요 이상으로 작은 집에서 사는 사람들에게도 똑같이 통용되는 질문이다.

"우리가 입고 다니는 옷은 우리 몸에 따라 적절한 크기가 규정됩니다. 적절한 크기가 있다는 건 크기가 절대 선(善)이 될 수 없다는 뜻이죠. 우리 몸을 외부 환경으로부터 보호한다는 점에서 옷과 집은 같은 기준을 공유할 수 있습니다. 개인과 가족의 생활에 따라 규정되는 적절한 집의 크기가 존재한다는 거죠. 적절한 크기의 집은 그 안에서 생활하는 사람이 필요 이상으로 돌아다니지도 않고 필요 이상으로 많은 자원을 소모하지도 않게 합니다. 적절한 크기를 넘어서는 집은 필요 이상의 가구를 요구하고 다시 더 큰 집을 필요로 하게 됩니다. 서로 고리를 물고 순환하면서 점점 더 커지는 거죠. 불편할 정도로 작은 집이 존재하는 것처럼, 필요 이상으로 커다란 집도 존재합니다. 중요한 것은 '적당한' 크기입니다."

대지 위치	충청북도 충주시
대지면적	420.00제곱미터(127.27평)
건물 규모	지상 1층
건축면적	55.48제곱미터(16.81평)
연면적	55.27제곱미터(16.74평)
건폐율	13.21퍼센트
용적률	13.16퍼센트
최고 높이	4.50미터
구조재	철근콘크리드
지붕재	철근콘크리트
단열재	스티로폼
창호재	알루미늄 단열바, 24밀리미터 복층 유리
내벽 마감재	적벽돌
바닥재	온돌 마루
설계자	한양대학교 건축학부 교수 서현
	www.saltworkshop.com

저녁 어스름의 문추헌. 특이한 외관임에도
흔한 농가 주택들 사이에 이질감 없이 스며든다.

햇볕이 강해지면 콘크리트 벽에 박힌 폼타이가 진한 그림자를
드리운다. 집주인의 검박하고 고집스런 삶이 겹쳐 보인다.

집주인이 벽지 바르기를 싫어해 외부는 콘크리트 내부는 벽돌인,
안팎이 뒤집힌 집이 탄생했다.

거실과 침실을 구분하는 벽. 구멍 난 적벽돌을 눕히지 않고 세워서
쌓는다는 간단한 아이디어로 꽤 강렬한 이미지를 만들었다.

천장에서 이어져 내려오는 길고 좁은 창. 사생활을
보호하면서 하늘과 산을 끊김 없이 담아낸다.

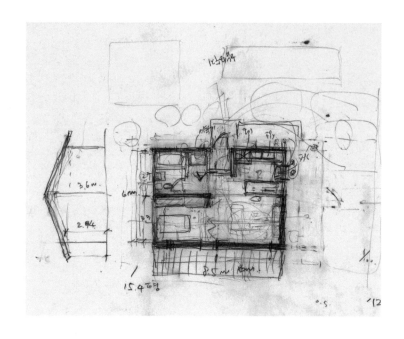

건축주가 처음 건축가에게 가져온 도면. "이래선 집을 못 짓는다"며
서현 교수가 고쳐준 흔적이 빼곡하다.

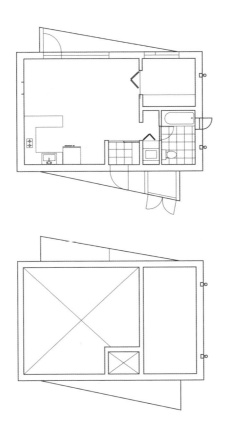

문추헌 평면도. 건축비를 최소화하기 위해 직사각형으로
구조체를 만든 뒤 비와 외부 시선으로부터 집을 보호할
캐노피를 앞뒤로 달았다.

노인을 위한 주택은 없다?
충남 아산 봉재리주택

마당에서 부지런히 손을 놀리는 정 할머니의
모습은 어디선가 본 듯하다. 팔 다리에 박힌
노동 습관 때문에 온종일 몸을 놀리지 않으면
직성이 안 풀리는, 자식을 위해 여전히 무언가를
생산하고 있는 우리 어머니의 모습이다.

'100세 시대'란 두려운 단어는 우리에게 60세 이후가 아닌 80세 이후의 삶을 고민하게 한다. 노인에게 적합한 주택은 이제 범사회적 관심사가 됐다. 실내조명은 노랑과 주황 계통의 밝은 색으로, 약해지는 시력을 감안해 조도는 일반 주택 2배 이상, 누워서도 사계절의 변화를 느낄 수 있도록 창문 위치는 낮게, 악력이 약해질 상황을 대비해 문손잡이는 둥근 것 대신 막대형으로.

전문가들이 만든 이 기준은 요양 시설을 지을 때의 주의 사항과 크게 다르지 않다. 노인의 특성을 신체 기능 약화로 특징지은 이런 기준을 보고 있자면 안심이 되기보다는 어쩐지 기운이 쭉 빠진다. 사회가 우리를 노인으로 인식하기 시작한 시점부터 세상을 떠나는 그날까지, 10년이 될지 20년이 될지 모를 그 기나긴 시간이 무덤에 누워 있는 것과 별반 다르지 않을 것이라는 예감 때문이다.

2014년 2월 말 충남 아산 봉재리에 감색 지붕과 미색 외벽이 차분하게 조화를 이루는 작은 집이 들어섰다. 다섯 남매가 70대 노모에게 지어드린 봉재리주택은, 노인의 삶과 그를 담는 집에 대해 우리가 놓치고 있었던 것을 다시 돌아보게 만든다.

곧 떠날 사람한테 무슨 새 집이냐

봉재리주택은 효도의 현장에 어김없이 등장하는 노모의 손 사례로 시작됐다. "곧 떠날 사람한테 무슨 새 집이냐." 정도순 할머니는 40년 된 집을 허물고 새로 지어드리겠다는 자식들의 말에 손사래를 치며 사양했다.

　과거 정 할머니가 살던 집은 사별한 남편이 직접 지은 것이다. 목수였던 남편은 방 세 개가 딸린 벽돌집을 지었는데 세월이 흐르는 동안 수없이 개량을 반복하면서 다소 독특한 구조가 됐다. 장남이 결혼했을 때는 며느리가 쓰기 편해야 한다며 화장실을 웬만한 안방보다 더 크게 확장했고, 물건이 갑자기 늘었을 때는 샌드위치 패널(다른 종류의 재료를 샌드위치 모양으로 쌓아올려 접착한 특수 합판)로 임시 창고를 만들기도 했다.

　가족의 역사가 구석구석 묻어 있는 집이지만 자식들이 분가하고 남편까지 떠나자 정 할머니 홀로 살기에는 여러모로 불편한 점이 많았다. 무엇보다 집 여기저기에 둥지를 틀고 제 집처럼 들락거리는 쥐들 때문에 정상 생활이 힘들 지경이었다.

다섯 남매가 힘을 모으니 1억 원 가량의 돈이 모였다. 자식들의 애를 태우던 정 할머니의 손사래는 유럽 파견 근무 중인 막내아들이 "내가 어머니 집 지어 드리려고 해외까지 나가 돈 버는 건데 무슨 말씀이시냐"고 역정을 내고 나서야 슬그머니 거두어졌다.

설계는 건축사사무소53427 고기웅 소장이 맡았다. 그는 2007년 지어진 주택 해우재(解憂齋)의 설계자다. 한국화장실협회 초대 회장인 고(故) 심재덕 씨를 위해 설계한 해우재는 변기 모양을 본 딴 독특한 외관으로 현재까지 방문하는 이들에게 색다른 즐거움을 주고 있다. (심 회장 사후 문화 공간으로 용도가 변경됐다.) 실험적 디자인으로 이름을 알린 젊은 건축가와 촌로의 작은 집 설계는 잘 어울리지 않을 것 같지만 그는 의외로 흔쾌히 수락했다. "재미있을 것 같았어요. 자녀들이 힘을 합쳐 어머니의 집을 지어드린다는 취지도 좋고, 노인을 위한 작은 집이라는 것도 흥미로웠습니다."

건축주 쪽에서 제안한 집 크기는 50제곱미터(약 15평) 안팎이었다. 15평짜리 집을 짓는 데 1억 원은 크게 부족하지는 않지만, 결코 넉넉지도 않은 금액이다. 쓸모없는 공간을 잘라내고 필요한 곳만 남기는 작업이 선행돼야 했다.

고 소장은 방 하나에 거실 겸 주방으로 단출하게 공간을 짰다. 여기에 박공지붕(책을 펼쳐서 엎어 놓은 모양의 지붕) 아래 남는 공간을 이용해 다락을 하나 추가했다. "자제분들이 번갈아 찾아오시는 데다가 자제분들에게 딸린 식구도 있어 손님방이 필요했거든요. 가끔 사용하는 손님방을 위해 집 크기를 늘리거나 2층을 만드는 건 낭비인 것 같아 지붕을 약간 높인 뒤 다락방을 만들었습니다."

건축가는 여기서 한번 더 절약 정신을 발휘해 지붕의 꼭지점을 집 중앙에 놓지 않고 다락이 있는 쪽으로 치우쳐 잡았다. 중앙을 높이는 것보다 전체 층고를 낮출 수 있기 때문이다. 한쪽은 길고 한쪽은 짧은 비대칭

지붕이 이렇게 탄생했다. 건축비를 줄이기 위한 방안이었지만, 단순한 외관에 묘한 조형미가 더해지는 효과를 얻었다. 거실 높이도 1.5층 정도로 탁 트인 느낌을 준다.

서너 명이 눕기에 충분한 다락에는 삼각 지붕의 기운 벽을 따라 제법 큰 천창을 냈다. 이 천창은 할머니보다는 어린 손주들을 위한 것이다. 밤에 천창을 통해 들어오는 별빛은 방학을 맞아 할머니 집에 놀러 온 손주들에게 잊지 못할 장면을 선사할 것이다.

실내보다는 실외, 두 채로 나뉜 집

바깥에서 본 봉재리주택은 일견 평범해 보이지만 어떤 지점에서 보면 집이 한 채가 아니라 두 채를 연결한 형태인 것을 알 수 있다. 고 소장은 봉재리주택을 설계하기 전 아산으로 내려가 정 할머니의 사는 모습을 관찰했다. 정 할머니는 70대 중반의 나이가 무색하게 정정했다. 앞마당에 심은 배추와 파, 마늘을 손질하는가 하면 어느새 뒷마당으로 가 장독대를 살피는 식이었다. 딱히 먹을 사람도 없는데 부지런히 손을 놀리는 정 할머니의 모습은 어디선가 본 듯하다. 팔 다리에 박힌 노동 습관 때문에 온종일 몸을 놀리지 않으면 직성이 안 풀리는, 이제 더 이상 엄마의 도움이 필요 없게 된 자식들을 위해 여전히 무언가를 생산하고 있는 우리 어머니들의 모습이다.

건축가는 앞마당과 뒷마당을 긴밀하게 연계시키기

로 했다. "할머니의 주 생활공간이 집 안이 아닌 마당이더라고요. 봄, 가을에는 실내보다 실외에서 더 많은 시간을 보내실 것 같았어요. 앞마당에서 뒷마당으로 이동할 때 집을 빙 돌아가지 않고 바로 갈 수 있는 동선을 구상했습니다."

고 소장은 안방과 거실을 두 채로 나눈 뒤 좁은 복도로 연결했다. 공간 구획이 복잡해질수록 건축비는 올라갈 수밖에 없지만 마당이 집주인의 생활에 중요한 부분을 차지하는 만큼 필요한 투자라고 판단했다. 안방과 거실을 연결하는 복도의 양쪽으로는 미닫이 식 유리문을 설치했다. 앞마당에서 유리문을 열면 한 걸음에 복도를 지나쳐 바로 뒷마당으로 진입할 수 있는 구조다.

앞마당 쪽에는 넓은 데크를 설치했다. 무언가를 끊임없이 널고 말리는 어머니들의 습관을 수용하기 위한 공간이다. 걸터앉기 좋은 높이라 텃밭에서 일한 뒤 땀을 식히기에도 안성맞춤이다. 건축가는 "툇마루의 기능도 있지만 대청마루의 개념이 더 크다"고 설명했다. "혼자 생활하기에 집이 좁지는 않지만 절대적 규모가 작으니 시각적으로 답답하게 느껴질 수 있거든요. 정면에 설치된 유리문을 열면 거실이 데크까지 확장돼 보이는 효과를 노렸어요. 대청마루가 실내와 실외의 기능을 동시에 수행했던 것처럼요."

각종 의례와 접객, 낮잠까지 다양한 활동을 소화하는 대청마루처럼 데크의 활용도 또한 풍부하다. 평소에는 고추와 나물을 널어 말리는 노동의 공간으로 쓰이다가 유리문을 활짝 열면 그대로 야외 거실이 되기도 한다. 기약 없는 방문이 무례로 여겨지지 않는 봉재리에서는 마을 주민들의 쉼터 역할도 하고 있다. 말 없는 이웃들은 별다른 기척도 없이 데크에 앉아 지친 다리를 쉬어간다. 여남은 명이 둘러앉을 수 있을 만큼 넓어 여름에는 가족 모임 장소로도 손색이 없다.

우리의 노년을 응원하는 집

봉재리주택에는 마을 주민들 외에 상주객이 또 하나 있다. 할머니가 40년 동안 모은 방대한 살림살이다. 물건을 버리지 못하는 천성 때문에 집에는 30년 전 놀러 온 친척이 놓고 간 소주잔부터 소쿠리, 채반, 들통, 저울, 공구, 100년 넘은 괘종시계까지 없는 것이 없다. 자식들의 핀잔 섞인 설득을 견디다 못해 새 집을 지으면서 상당 부분을 버렸지만, 꼭꼭 감추고 안 버린 물건이 지금도 문짝 아홉 개짜리 부엌장을 꽉 채우고 있다.

건축가는 주방에 작은 창고를 하나 만든 데 이어 뒷마당 쪽에도 창고를 두 개 만들었다. 안채의 뒷부분을 활용해 만든 창고에는 정 할머니의 손때가 묻은 살림이 빼곡하게 들어차 있다. 도무지 쓰지 않을 것처럼 보이는 5킬로그램짜리 아날로그 저울을 콕 집어 "왜 안 버리시느냐" 물었더니 "다 쓸 데가 있다"는 확신에 찬 답

변이 돌아온다. 그러면서도 직접 담근 매실액이 남는다며 서둘러 검은 비닐봉지를 꺼내 담아주는 모습에서 누군가의 얼굴이 겹쳐지는 것은 어쩔 수 없다.

고 소장은 이 집을 '최소의 집이자 최대의 집'이라고 부른다. "지금까지 지은 집 가운데 예산도, 규모도 가장 작았지만, 설계할 때 예산 때문에 포기한 건 하나도 없어요. 거주자를 만족시킬 수 있는 최소의 것을 모두 갖추고 있다면 그것이 최대의 집이라고 생각합니다."

이웃에게 손짓하는 대청마루, 자녀들의 방문을 반기는 다락방, 야외 활동을 권장하는 앞마당과 뒷마당, 집주인의 고집을 존중하는 여러 창고. 봉재리주택은 언젠가는 모두 노인이 될 우리에게, 우리의 삶을 응원하고 활성화하는 집의 역할에 관해 다시 생각하게 한다.

집은 개인 공간이자 지역의 일부

특이한 외형에도 봉재리주택의 미덕은 오래된 시골마을의 어떤 풍경도 초라하게 만들지 않는다는 것이다. 흰색보다 한 톤 가라앉은 미색의 외벽과 존재감을 숨긴 듯한 감색 지붕의 조화는 오래된 농가 주택과 폐창고 사이에 무던하게 녹아드는 친화력을 발휘한다.

고 소장이 자기 집을 짓고자 하는 사람들에게 강조하는 것은 건축의 '사회성'이다. "집을 꼭 건축가가 설계해서 지을 필요는 없어요. 시공사가 설계할 수도 있고, 건축주가 직접 할 수도 있습니다. 하지만 작은 주택이나 건물이라도 그 결과에 대한 책임이 적지 않다는 것을 잊어서는 안 돼요. 집은 나의 필요 때문에 짓는 것이지만 주변 환경에 영향을 주고받는 지역의 일부라는 것을 분명히 알아야 합니다."

건축이 조각이나 그림과 달리 개인의 소유인 동시에

사회의 일부라는 사실은 종종 잊힌다. 이는 처음 집을 짓는 사람들이 뜻하지 않은 분쟁에 휘말리게 되는 원인이다. 심지어 건축법을 모두 준수하더라도 내 건물 때문에 주변이 피해를 입는 상황은 언제든 발생할 수 있다. 이를 방지하기 위해서는 건축가뿐 아니라 건축주의 마음가짐도 바뀌어야 한다.

고 소장은 집짓기를 "건축주, 건축가, 시공사 세 변이 완벽히 균형을 이뤄야 완성되는 삼각형"에 비유했다. 어느 하나가 더 중요할 수 없다는 의미다. "배려 없이 지어진 집은 건축주 자신뿐 아니라 도시 전체에 안 좋은 영향을 미칩니다. 더 나은 도시 환경을 만들겠다는 생각을 가지고 집짓기를 시작하시면 좋겠어요. 건축가를 택할 때도 포트폴리오나 설계비 외에 그 사람이 어떤 생각을 가지고 있는지 주의해서 살펴보는 일이 꼭 필요합니다."

대지 위치	충청남도 아산시 둔포면 봉재리
대지면적	331.00제곱미터(100.12평)
건물 규모	지상 2층
건축면적	61.48제곱미터(18.59평)
연면적	62.82제곱미터(19.00평)
건폐율	18.57퍼센트
용적률	18.98퍼센트
최고 높이	4.87미터
구조재	목새
지붕재	THK1.2 컬러 강판 마감
단열재	THK140 압출법 보온판(특호)
창호재	시스템 창호
외장재	스터코(STUCCO)
내장재	석고보드 위 도매 마감
설계자	건축사사무소53427 고기웅
	www.office-53427.com

주방 쪽에 서서 정면창을 바라본 모습. 유리문을 열면
거실이 데크까지 확장돼 보이는 효과가 있다.

정면창에서 주방 쪽을 본 모습. 다락 때문에 거실이 높아져 탁 트인
느낌을 준다. 왼쪽에 다락으로 올라가는 계단이 보인다.

방학을 맞아 놀러온 손주들이 잘 수 있는 다락방.
평소엔 수납공간으로 쓰인다.

앞마당과 뒷마당을 연결하는 통로. 마당에서 소일하는
정 할머니를 위해 오른쪽 안방과 거실을 두 채로 나눠
그 사이 통로로 쉽게 이동할 수 있게 했다.

봉재리주택 전면. 넓은 데크가 대청마루 역할을 한다. 한편에는
정 할머니가 거동이 불편해졌을 때를 대비해 휠체어를 타고
이동할 수 있는 오르막을 만들었다.

측면에서 보면 집 두 채가 겹쳐 있는 것처럼 보인다.
앞이 안방, 뒤가 거실 및 주방이 있는 채다.

가구를 들인 후의 모습. 데크에 설치한 벤치에 이웃 주민들이
종종 들러 다리를 쉬어 간다.

잡동사니를 못 버리는 집주인의 성향을 고려해 부엌 상부장만
아홉 칸을 만들었다. 여기에도 수납하지 못한 물건은 집 뒤
창고에 쌓았다.

앞마당과 뒷마당을 연결하는 통로. 한걸음에 이동할 수 있다.

평면도. 왼쪽의 안방과 오른쪽의 거실, 주방으로 나뉜 집 구조가
한눈에 들어온다.

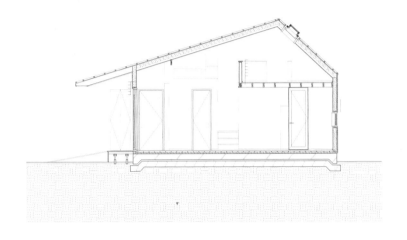

입면도. 지붕 꼭대기를 다락 쪽으로 치우쳐 잡아
비대칭이 된 것을 볼 수 있다.

시위하고 외치는 집

부산 기장군 반쪽집

반쪽집이 자신의 온 몸을 던져 외치는 것은
바로 이곳에서 일어났던 일, 하마터면 삶의
터전을 박탈당할 뻔했던 누군가의 사연이다.

부산 시내에서 차로 1시간 가량 떨어진 기장군의 한 바닷가 마을. 그 흔한 횟집 하나 없이 관광철에도 한적하기만 한 이 곳에 도로 확장이 결정된 것은 2년 전이다. 2차선 도로의 폭을 늘리고 양 가장자리에 인도를 설치하는 간단한 작업이었지만, 도로와 마주한 집에 살던 이들에게는 간단한 일이 아니었다. 근처 월내시장에서 장사를 하는 변 씨는 집과 땅이 하루아침에 반으로 잘려나가는 것을 속수무책으로 지켜봐야 했다. 보상금이 나왔지만 집을 사거나 새로 짓기에는 어림없는 액수였다.

무엇보다 그는 떠나고 싶지 않았다. 남편 직장을 따라 경남 김해에서 이주해 이곳에 정착한 게 1984년이다. 30년이 흐르는 동안 남편은 곁을 떠났고 자식들도 출가했지만 몸과 마음은 이미 마을에 뿌리박힌 뒤였다. 매일 오르내리던 비탈길, 볼품없이 자란 집 뒤의 소나무, 무덤덤한 바다까지 눈에 박히지 않은 것이 없었다. 도로와 마주한 다른 집들이 하나둘 철거될 때 변 씨는 반쪽이 난 터에 새로 집을 짓기로 했다. 93제곱미터(28평)짜리 작은 땅 위에 지어진 '반쪽집'이다.

반쪽 난 터에 새로 집을 짓다

라움건축사사무소 오신욱 소장이 변 씨와 인연이 닿은 것은 건설업체를 통해서였다. 자신이 태어난 부산에서 학교를 나오고 건축 일을 시작한 오 소장은 지역의 정체성을 건축으로 규명하는 데 비상한 관심을 가진 이다. 부산이라는 도시에 어울리는, 또는 필요한 건축이 무엇인지 고민하던 차에 마침 그의 다른 건물을 시공 중인 건설 회사 사장이 반쪽 난 집의 사정을 전해왔다. 변 씨는 새 집을 짓기로 결심했으나 자금 사정 때문에 이미 여러 차례 상담이 무산된 뒤였다. 오 소장은 건축비가 턱없이 부족하다는 말에, 집의 디자인을 전폭적으로 건축가에게 맡긴다는 조건으로 설계비를 거의 받지 않고 이 일에 뛰어들었다.

평생 남의 집에서 살던 사람이 자기 집을 짓는 경우 열에 아홉은 극도로 예민해지게 마련이다. 자신의 생활

패턴과 미감, 가치관이 총체적으로 녹아난 집을 구현하려는 욕심이 신경을 곤두서게 만들기 때문이다. 건축가 쪽에서도 일반 건물을 지을 때와는 달리 왜 건축주가 집을 짓고 싶어 하는지, 이 공간에서 어떤 생활이 펼쳐질 것인지에 관해 면밀하게 조사한 뒤 일에 착수한다.

그러나 반쪽집은 상황이 좀 달랐다. 변 씨가 원하는 것은 '나만의 집'이 아니라 단지 이 마을에 계속 머물 수 있는 집이었다. 실제로 그가 건축가에게 요구한 것도 "잠잘 방이 있었으면 좋겠다."가 전부였다. 평생 칸칸이 나뉜 집에서 살아온 그에게 탁 트인 원룸식 공간은 아무래도 마음이 편치 않기 때문일 것이다. 반쪽 난 집에서도 이전의 생활을 무리 없이 영위하는 것, 그 외 나머지는 건축가의 몫으로 떨어졌다.

가장 급한 일은 손실된 면적을 보완하는 것이었다. 오 소장은 집을 2층으로 올리기로 했다. 반쪽 난 대지에 확보할 수 있는 건축면적은 법적 주차장을 제외하고 40제곱미터(약 12평) 정도. 혼자 사는 집이라 큰 공간은 필요 없지만 종종 놀러 오는 딸들과 사위, 손주들을 맞기에는 비좁았다. 면적 보충 외에도 안전 문제 때문에 2층집은 필수였다. 원래 집은 단층에 지면 높이도 도로보다 낮아, 도로에서 보면 지붕만 빼꼼히 보이는 상황이었다. 위치도 도로에서 겨우 1미터 가량 떨어져 있어 운전자가 자칫 실수라도 하면 차가 집을 덮칠 위험도 있었다.

게다가 반대편으로는 좁은 골목을 사이에 두고 다른 집들과 붙어 있다시피 한 구조 때문에 변 씨는 바다를 지척에 두고 있으면서도 정작 집에서 바다를 본 적이 없다. 오 소장은 지면을 도로와 동일한 높이로 돋운 뒤 그 위에 2층으로 집을 올려 손실된 면적을 보완하고 전망을 확보했다. 1층 거실에 큰 창을, 2층에는 아예 전면으로 창을 내 바다를 아낌없이 담았다. 2층 전면창을 열고 나가 베란다에서 바라보는 바다와 하늘은 반쪽집의 전망 가운데 압권이다.

공간도 시원하게 텄다. 원래 집에는 방이 세 개나 있어 실질적으로 몸을 누이는 곳 외에 다른 방은 호박이나 고추를 말릴 때만 들어가는 정도였다. 변 씨의 바람대로 1층에 잠자는 방을 하나 만든 것 외에는 벽을 세우지 않아 좁다는 느낌을 받지 않게 했다. 2층은 작은 면적에도 탁 트인 구조와 단출한 세간 덕에 여남은 명이 둘러앉아도 될 만큼 넉넉하다. 평소에는 집주인이 안마 의자에 앉아 쉬거나 TV를 보고, 딸 가족이 놀러 올 때면 숙소로 변신한다. 변 씨는 집이 지어진 뒤 딸 가족이 왕래하는 횟수가 부쩍 늘었다며 웃었다.

이 땅이 잘렸습니다!

반쪽집의 정수는 외부다. '설계를 건축가에게 맡긴다' 는 조건의 결과를 확인할 수 있는 곳도 내부가 아닌 외부다. 도로 쪽에서 바라본 반쪽집은 압도적으로 시선을 잡아끈다. 오래된 집 사이에 새하얀 집이 우뚝 섰기 때문이기도 하지만, 이상할 정도로 평평하게 만든 정면이 아마 그 주범일 것이다.

반쪽집의 정면은 건물의 표면이라기보다는 단면에 가깝다. 통상적 집의 입체감을 의도적으로 제거한 듯한 정면은 마치 원래 있던 건물을 칼로 썩둑 자른 것처럼 보이는데, 이쯤이면 몇몇은 눈치챘듯이 이는 도로 확장으로 새로 설정된 대지의 선을 가리키고 있다. 건축가는 잘린 대지의 선과 집 정면의 선이 수평이 되도록 맞춘 뒤, 이 선을 집 옆에 붙은 주차장의 구조물로까지 확장시켰다. 이로써 땅이 어떤 모습으로, 얼마나 많이 잘

려나갔는지가 명명백백해졌다.

반쪽집이 자신의 온몸을 던져 외치는 것은 바로 이곳에서 일어났던 일, 하마터면 삶의 터전을 박탈당할 뻔했던 누군가의 사연이다. 날 선 비판의 목소리가 건축으로 구현되는 흥미로운 지점은 곳곳에서 발견된다. 주차장 구조물의 두께는 매우 얇아 입체를 선으로 보이게 만드는 착시를 일으킨다. 모서리는 손가락을 대면 찔릴 것처럼 날카롭고, 창백한 백색은 퍼런 서슬을 연상하게 한다.

집이 담고 있는 것은 폭력의 기억뿐이 아니다. 반쪽집을 위에서 보면 두 직사각형이 서로 각도를 달리해 맞물린 것처럼 보인다. 한 사각형이 대지의 선을 따라간다면 다른 사각형은 집 뒤 골목길의 선을 따랐다. 사람한 두 명이 지나갈 수 있는 이 좁은 골목은 계획적으로 조성된 게 아니라 집과 상점이 들어서는 과정에서 자연적으로 발생한 것이다. 오 소장은 이 골목을 "이 동네에서 기억돼야 할 요소 가운데 하나"라고 불렀다. 먼 훗날 동네가 재개발 돼 지금의 모습을 완전히 잃더라도 오래된 골목의 기억은 반쪽집의 벽면 한 쪽에서 명맥을 이어 갈 것이다.

두 정육면체가 뒤틀려 맞물린 집은 정면, 측면, 배면 에서 볼 때의 모양이 모두 달라 쉽게 질리지 않는다. 입 체의 뒤틀림을 부각시키는 것은 새하얗게 칠해진 벽면 이다. 부산에 가장 어울리는 색이라고 건축가가 판단한 색이다. "이 동네가 햇살이 강하고 바닷물이 유독 새파 란데 거기에 흰색이 가장 잘 어울리지 않을까 했습니다. 흰색 가운데서도 진주 광택이 약간 들어간 걸 골라 햇 볕이 강하게 비치는 날에는 집의 표면이 미세하게 반짝 입니다."

며칠 전 팔을 다쳤다는 집주인은 1층에서 쉬는 중이 었다. 곧 장사를 그만둘 계획이라는 그에게 다른 곳으 로 이사할 생각은 없었느냐고 물었다. 수십 년 동안 친 하게 지내던 이웃들도 다 떠나는 마당에 고향도 아닌 이곳에 계속 머무는 이유가 무엇이냐고. 살가우면서도 말수는 적은 변 씨는 거듭되는 질문에 같은 말만 반복 했다. "제가 어딜 가겠습니꺼."

반쪽집 뒷이야기

반쪽집을 보기 위해 부산으로 내려간 것은 2013년 4월 초순이다. 서면역에서 기장군까지 차로 이동하는 길에 집을 설계한 오신욱 소장이 "집이 평소와는 좀 다른 상태"라고 말하며 계면쩍은 듯 웃었다. 집에 도착하니 웃음의 의미를 알 수 있었다. 건축가가 주차장 용도로 만들어 놓은 공간에 간이 창고가 들어서 있었던 것. 그것도 공간에 짜맞추다시피 꽉 들어차서 집의 디자인 가운데 가장 인상적인 부분인 주차장 구조물이 무용지물이 된 상태였다.

"건축주 분께서 장사를 하시다 보니 물건을 저장할 수 있는 공간이 필요하셨나 봅니다. 저도 모르는 사이에 창고를 들여놓으셨더라구요."

사정을 듣고 보니 이해는 됐지만 어쩐지 허망한 마음을 감출 수 없었다. 집주인이 건축물의 아름다움을

158

보존하기 위해 삶의 편의를 양보해야 한다는 법은 없지만, 반쪽집의 독특한 디자인과 거기에 담긴 시위의 정신이 집주인에게는 아무 의미도 없었다는 뜻 아닌가. 오 소장은 "허가 없이 가설 건물을 짓는 것은 불법이라 건축주께 그렇게 말씀 드렸고, 결국 창고를 철거하기로 했다"며 "저장 공간은 지하실을 이용해 따로 만들어드릴 계획"이라고 설명했다.

돌아오는 길은 건축주와 건축물의 조화에 대한 이야기로 채워졌다. 완공 이후 수많은 이들이 반쪽집을 보기 위해 찾아왔고, 그 가운데는 집을 사들여 카페나 멋들어진 문화 공간으로 만들고 싶다는 이들도 꽤 있었다고 한다.

"할머니에게 좀 더 어울리는 집이었으면 좋지 않았을까요? 주변에서 흔히 볼 수 있는 평범한 집을 지어드렸다면……." 건축가가 욕심을 부린 것 아니냐는 말을 에둘러서 하는 내게 오 소장은 "집은 일부 의식 있는 사람만 갖는 것이 아니다"라고 답했다. "집주인과 집이 조화롭지 않는다는 것에는 저도 공감합니다. 하지만 다양한 건축을 경험하지 않았다고 해서 평생 똑같은 집에서만 살아야 한다는 법은 없어요. 변 할머니가 반쪽집에 살면서 이제까지 겪어보지 않았던 공간감이나 미감 같은 것을 누리고 체득하셨으면 했습니다."

신문에 반쪽집이 소개된 뒤 나는 짧은 이메일을 받았다. 변 할머니의 따님이라는 그 분은 기사에 관해 "기쁘지도 않고 불편할 뿐"이라고 말했다. 어떤 부분이 불편했을까. 건축비가 턱없이 부족했다는 부분? 창고 얘기? 건축주와 건축가의 의식 차를 암시하는 듯한 대목? 어디가 불편했는지 묻는 메일을 보냈지만 답은 오지 않았다.

건축가에게 욕심을 부린 것 아니냐고 물었던 나 역시 기사 때문에 욕심을 부린 것 아닌가 하는 자문이 오래 가슴에 남았다. 반쪽집은 지금도 '예술 또는 건축이 어느 정도까지 인간을 향해야 하는가'라는 질문이 나올 때마다 하나의 상징처럼 마음속에 떠오르는 집이다.

대지 위치	부산광역시 기장군 장안읍 월내리
대지면적	93.00제곱미터(28.18평)
건물 규모	지상 2층
건축면적	53.63제곱미터(16.25평)
연면적	75.46제곱미터(22.86평)
건폐율	57.67퍼센트
용적률	81.14퍼센트
최고 높이	6.05미터
구조재	철근콘크리트
단열재	발포 폴리스티렌 보온판
창호재	남성 복합 창호
내벽 마감재	애쉬우드 판재, 벽지
외벽 마감재	테라코타 슈퍼화인
바닥재	온돌 마루
설계자	라움건축사사무소 오신욱

도로 확장으로 잘려나간 집터에 세운 반쪽집. 칼로 베어낸 것처럼
평평한 정면과 날카롭게 각을 세운 입구의 구조물이 예사롭지 않은
분위기를 풍긴다.

반쪽집 뒷면. 1, 2층을 서로 뒤틀리게 맞물려 놓아
정면, 측면, 배면의 모습이 모두 다르다.

정면 오른쪽. 코너에 낸 창 안으로 집 앞 소나무가 정확하게 담긴다.

정면 입구에 설치한 구조물이 조형미를 극대화한다. 원래
반쪽집은 왼쪽 파란색 비닐처럼 보이는 집과 같은 높이였다.

현관에서 주차장 쪽을 바라본 모습. 하얗기만 한 집에 나무로 만든
구조물이 심심함을 덜어준다.

측면에서 보면 뒤틀린 형태가 가장 잘 보인다. 1층이 집 뒤에 난 좁은
골목길의 선을 따라간다면 2층은 확장된 도로의 선을 따라간다.

2층 베란다 조망. 바닷가에 살면서 한 번도 집에서 바다를
본 적 없는 집주인에게 바다를 되돌려줬다.

1층 거실에도 큰 창을 내 바다를 담았다. 왼쪽에는 침실이,
오른쪽에는 2층으로 올라가는 계단이 있다.

2층에서 1층으로 내려가는 계단. 1, 2층을 뒤틀어 맞물린 흔적이
내부에서도 발견된다. 예민한 사람이라면 꺼릴 수도 있겠지만
집주인은 개의치 않았다고 한다.

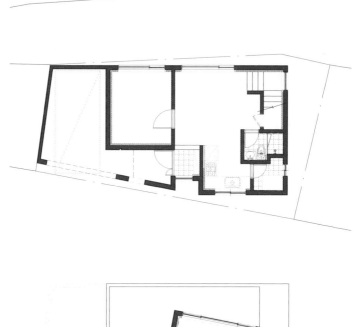

1층 평면도
2층 평면도

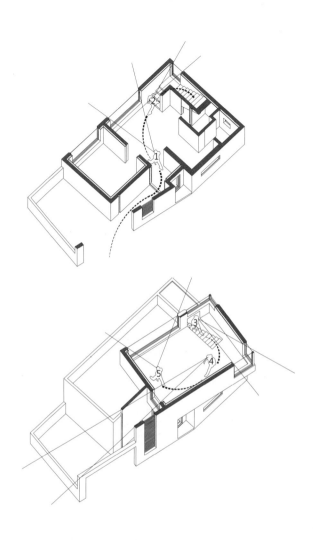

동선에 따라 난 창을 통해 사방의 경관을 볼 수 있다.

예술인들의 사랑방
부산 동래구 비온후주택

사람을 좋아하는 이 씨의 집은, 그의 표현을
빌면 "냉장고에 술 떨어질 날이 없는"
집이다. 부산 지역 예술인의 모임 '보따리'의
안주인이기도 한 그는 좋은 사람들과 교류하는
것에서 더 나아가 다 같이 모여 사는 공동체
형식의 주거를 꿈꿔왔다.

한국 주택가에서 철은 흔히 볼 수 있는 소재가 아니다. 콘크리트 속에 박혀 건물을 떠받치는 용도로는 자주 쓰이지만 집의 외관을 결정지을 때는 으레 벽돌이나 목재에 밀려나게 마련이다. 가끔 양철 슬레이트 지붕으로 모습을 드러낼 때도 있으나 그 풍경 또한 을씨년스럽기 짝이 없어, 시끄럽게 지붕을 때리는 빗소리라든지 벌겋게 녹이 슬어 바람에 그렁대는 모습은 시인의 글감으로는 사랑 받을지언정 주택 외장재로서는 꺼려져왔던 게 사실이다.

부산 동래구 수안동의 한 골목에는 '녹슨 집'이라는 별명을 가진 3층짜리 주택이 있다. 면적 59.85제곱미터(18평), 높이 11미터로 좁고 길게 설계된 이 집은 불그스레하게 녹슨 철판 파사드(façade) 때문에 더욱 눈에 띈다. 건축 전문 사진작가 이인미 씨가 남편, 아들, 어머니와 함께 사는 비온후주택은 출판사 '비온후'의 사무실이자 가족의 주거 공간, 그리고 부산을 기반으로 활동하는 예술인의 사랑방이다.

오래된 주택가에 들어선 '녹슨 집'

이 씨 부부가 집을 짓기로 한 것은 약 3년 전이다. 남편의 출판사가 입주해 있던 건물이 없어지고, 비슷한 시기에 살던 아파트의 임대 기한이 만료되면서 부부는 사무실과 집을 하나로 합친 건물을 짓기로 했다. "처음부터 작은 집을 생각했던 건 아니에요. 건축비에 들어갈 예산을 정해놓고 나머지 돈으로 땅을 사려다 보니 토지 크기가 작아진 거죠."

비온후주택이 자리 잡은 곳은 구도심의 오래된 주택가다. 대학생 아들과 사무실 때문에 도시를 떠나는 게 불가능하다고 판단한 부부는 수안동 온천천 인근 103제곱미터(31평) 크기의 땅을 샀다. 해당 토지에 최대로 확보할 수 있는 건축면적은 59.85제곱미터(18평). 건물을 3층으로 올리면 연면적을 166.61제곱미터(50평)까지 확보할 수 있지만 넉넉하다고는 할 수 없었다. 사무와 주거에 기본적으로 필요한 공간 외에 손님맞이 공간이 별도로 필요했기 때문이다.

사람을 좋아하는 이 씨의 집은, 그의 표현을 빌면 "냉장고에 술 떨어질 날이 없는" 집이다. 부산 지역 예술인의 모임 '보따리'의 안주인이기도 한 그는 좋은 사람들과 교류하는 것에서 더 나아가 다 같이 모여 사는 공동체 형식의 주거를 꿈꿔왔다.

"대여섯 가구가 한 지역에 함께 집을 지어 살면 어떨까 했어요. 내 집을 짓는 목적도 개성이 강한 나만의 공간을 갖고 싶다기보다는 마음 맞는 사람들끼리 모여 살고 싶은 마음이 더 컸죠."

그는 사무실 건물이 없어지기 전부터 친구들과 집 짓기 적당한 땅을 물색해왔다. 하지만 열 명이 넘는 사람들을 동시에 만족시키는 땅을 찾기는 쉽지 않았다. 그러던 가운데 이사 날짜가 임박하면서 부득이하게 이 씨 부부가 먼저 집을 짓게 된 것이다. 설계는 디자인아뜰리에비온후풍경의 장지훈 대표가 맡았다. 장 대표는 이 씨의 대학 후배로, 두 회사의 이름이 비슷한 것은 우연이 아니다. 이 씨의 성향과 생활 방식을 누구보다 잘 알고 있는 장 대표는 공간을 신중하게 배분해야 했다.

"집주인의 제일 큰 낙이 친구들을 집으로 초대해 노는 거란 말이죠. 출판사 사무실, 사진 작업실, 주거 공간, 여기에 손님들이 모여서 노는 공간까지, 3층 건물에 어떻게 배치할지가 가장 큰 고민거리였어요. 출판사에서 사용하는 각종 집기와 재고 도서 수납할 곳도 꼭 있어야 했고요."

장 대표는 일단 공적 공간과 사적 공간을 구분하기로 했다. 1층은 출판사에 전부 할애하고, 3층은 가족 주거 공간으로 꾸몄다. 2층은 공과 사가 혼재하는 구역으로 설정했다. 건축가는 2층 공간을 반으로 나눈 뒤 한쪽에는 여남은 명이 둘러앉을 수 있는 긴 나무 탁자를 놓고 다른 쪽에는 부엌을 만들어 사이에 슬라이딩 도어를 설치했다. 도어를 열고 닫음에 따라 공적인 것에서 사적인 것까지 다양한 활동을 소화할 수 있게 하기 위한 것이다.

도어를 닫으면 거실은 부엌과 완전히 분리돼 업무 미

팅을 하기 손색없는 단정한 분위기가 된다. 반면 술친구들이 놀러와 도어를 활짝 열면 대번에 흥청망청한 열린 주방으로 바뀐다. 이곳은 보따리 회원들의 사랑방 역할을 톡톡히 해 이사 온 뒤 3년 동안 바깥에서 술자리를 가진 게 열 번도 채 안 될 정도다. 지금도 매주 두 차례 슬라이딩 도어의 문이 열리고 왁자한 자리가 벌어진다.

손님이 없는 날에 2층은 가족실이 된다. 하루 일과가 끝나면 1층에서 퇴근한 남편, 낮에 찍은 사진의 마무리 작업을 하는 이 씨, 수업을 마친 아들이 누가 먼저랄 것도 없이 2층 탁자에 둘러앉는다. 특별한 일이 없어도 모여 있기 좋아하는 이 가족의 독특한 저녁 풍경이다.

3층은 침실과 거실, 다락이 있는 주거 공간이다. 가운데 거실을 중심으로 양쪽에 조성한 다락방은 크기가 꽤 넉넉해 수납공간으로 활용 중이다. 건축가가 수납용 창고와 다용도실을 따로 만들었지만 부부의 수집 취미를 생각하면 그것만으로는 역부족이었다. 남편은 DVD와 음반, 이 씨는 팝업북(책장을 열면 그림이 튀어나오는 책)의 열렬한 수집가다.

최근 양쪽 다락 가운데 한 쪽은, 자기 방을 두고 여기서 더 많은 시간을 보내는 아들에게 내줬다. 박공지붕(책을 엎어 놓은 모양의 지붕)의 비스듬한 각이 주는 아늑한 분위기와 천창으로 비껴 들어오는 빛이 꽤 그럴싸해 수납용으로만 쓰기에는 아까운 공간이긴 하다.

천창은 유리 대신 폴리카보네이트(플라스틱의 일종)를 사용했는데 살짝 뽀얀 표면이 햇볕을 절반 정도 걸러내 은은한 채광을 선사한다. 결로가 생길 것을 우려해 선택한 재료인데, 이 씨는 "아직까지는 결로가 생긴 적이 없다"며 만족해했다.

집안 구석구석 공동체의 가능성

공동체의 꿈을 이루지 못하고 먼저 지은 집이지만 비온후주택에는 공동체의 가능성이 곳곳에 묻어 있다. 평소 집주인과 친하게 지내던 예술인들이 작업에 조금씩 참여했기 때문이다. 따져보면 장 대표도 그 가운데 한 명이다.

이 씨는 집을 설계할 당시 "건축가가 지은 집처럼 보였으면 좋겠다"는 묘한 요구를 했다. 디자인 결정권을 온전히 양도하는 말이자 건축가의 자제력을 시험하는 말이기도 했다. '건축으로 말하고 싶은 욕구'는 사실 모든 건축가들의 은밀한 속내다. 자신의 미감을 가감 없이 건축으로 구현하고자 하는 욕심은 자주 건축의 실용성과 부딪힌다. 살기 편한 집과 아름다운 집 가운데 무엇을 택할 것인가. 심미성과 기능성을 동시에 충족시켜야 하는 건축의 이율배반적 성격은 건축가의 예술가적

기질을 제한하는 동시에 건축가를 예술가보다 위대하게 만들 가능성을 내포한 양날의 칼이다.

평소 장 대표의 건축관은 일부 건축가들의 소위 '작가주의'의 반대편에 가깝다. 특히 주택 설계에서는 '사람이 살기 편한 게 제일'이라는 생각이다. 그러나 '건축가가 지은 것 같은 집'을 요구 받은 이상, 기능에만 충실한 것도 도리가 아니라는 생각이 들었다. '건축물 본연의 목적과 성능을 저해하지 않는 범위 안에서 디자인 가치를 보여줄 수 있는 방법'을 고민한 끝에 그는 철이라는 소재를 택했다.

집 전면부에 사용된 코르텐강판은 흔히 산화철판이라고 불리는 소재다. 처음에는 약간 푸른빛이 감도는 검은색이었다가 한 달이 지난 시점부턴 녹이 슬기 시작해 6개월이면 불그스레한 갈색 표면이 완성된다. 일반 철판이 녹이 고르게 슬지 않고 얼룩이 지지만 산화철판은 전체적으로 곱게 산화하는 것이 특징이다. 3-5년이 지나면 산화가 끝나고, 이후 표면의 변화는 없다.

"건축 외장재 가운데는 세라믹이나 알루미늄 복합

패널처럼 완결성 있는 제품이 있습니다. 이런 재료는 시공하는 시점이 가장 완성도가 높고 그 뒤 점점 질이 떨어지죠. 반면 목재나 철, 돌 같은 소위 1차원적 재료는 처음에는 다소 거칠지만 시간이 지나면서 자연스럽게 늙어가는 맛이 있습니다."

철이 녹슬면서 내구성이 떨어지거나 비가 올 때 녹물이 흐르지는 않느냐는 질문에 장 대표는 "산화는 내구성 저하와 아무 관련이 없다"며 "다만 녹 가루가 빗물에 씻겨 내리며 다른 벽을 오염시킬 수 있어서 물받이를 장착해야 한다"고 설명했다.

비온후주택이 완공된 것이 2011년 11월이니 현재 산화는 거의 완료된 상태다. 표면에 보슬보슬하게 형성된 산화 피막은 붉은 갈색에 말할 수 없는 깊이를 더하며 자못 정적인 분위기마저 풍긴다. 측면에는 가늘고 길게 재단한 나무를 이어 붙였는데, 성당 복도처럼 차분한 느낌이 암적색의 철판과 꽤 잘 어울린다. 촘촘한 나무 외벽은 내부까지 통일감 있게 이어지는데 빼곡히 쌓인 책과도 좋은 조합을 이룬다.

파사드와 같은 소재로 만든 철 대문은 이 씨의 지인인 금속 조각가 박은생 씨가 맡았다. 건축가와 작가의 협업은 흔치 않은 일이지만 "함께하면 재미있을 것 같다"는 이 씨의 제안을 장 대표가 흔쾌히 받아들이며 추진됐다. 결과물은 대만족이었다. 박 씨는 철판의 이음새를 마치 조각보처럼 용접했는데 장 대표는 "일반 시공 업체에서는 나올 수 없는 세심함"이라며 감탄했다.

외벽과 달리 문은 사람 손이 자주 타는 곳이라 이리저리 검은 자국이 찍혀 있다. 속상해할 법도 하지만 이 씨는 "집의 역사가 새겨지는 중"이라며 장난스레 웃었다. 1층 사무실의 철제 계단과 2층 테이블의 다리 역할을 하는 금속 조각도 박은생 작가의 작품이다.

마당은 설치 작가 백성준 씨와 공유하고 있다. 평소 친분이 있던 백 씨 부부는 이 씨가 집을 지을 당시 바로 옆집을 사서 이사했다. 양쪽 집안은 얼마 되지 않는 마당을 터서 공유하기로 하고, 중앙에 공동으로 관리하는 작은 화단을 조성했다. 백 씨는 출판사 사무실에 설치한 전면 책장을 만들어 주기도 했다.

비온후주택이 자리 잡은 뒤 동네는 조금씩 변화하고 있다. 백성준 작가의 집, 보따리 모임을 위한 공간, 김대홍 작가의 작업실이 차례로 들어서며 이웃으로 지내게 된 것이다. 이 씨가 꿈꾼 공동체는 수안동의 한 골목에서 약간 다른 모습으로 천천히 실현되고 있다.

늘어나는 협동조합형 공공주택

2014년 말 입주가 완료된 강서구 가양동의 '이음채'는 국내 1호 협동조합형 공공임대주택이다. 지하 1층, 지상 6층인 이 건물은 겉으로 보기에는 평범한 저층 아파트지만 안으로 들어서면 특이한 구조를 느낄 수 있다. 건물 중앙에 놓인 주차장은 잔디 블록이 깔려 마당 역할을 하고, 1층에 마련된 공동 육아 시설에는 서너 살 어린이들이 한데 엉켜 놀고 있다. 한쪽에서는 비슷한 또래의 젊은 엄마들이 옥상 공동 텃밭에 무엇을 심을까 논의 중이다.

옛 마을 공동체를 도심 한복판에 재현한 듯한 협동조합형 주택이 각광받고 있다. 비온후주택처럼 아래로부터 자발적으로 형성되는 공동체가 있는가 하면, 관 주도로 서민의 주거 부담을 덜면서 공유 경제 실현의 두 마리 토끼를 잡는 '사회적 주거 실험'이 이제 막 시작 단계에 들어선 것이다. 서울시의 '8만 호 임대주택 공급' 계획의 첫 걸음인 이음채는 처음부터 '공동 육아'에 초점을 맞추고 지어졌다. 서울시와 SH공사는 만 3세 미만 자녀를 둔 무주택자에 한해 교육과 면접을 거쳐 스물네 가구를 최종 선정했다. 임대 보증금 1억 500만 원에 월 임대료 3만 원. 2년마다 재계약이 이뤄지며 최장 20년까지 거주할 수 있다.

저렴한 임대료와 거주 안정성에 끌려 입주를 신청했던 주민들은 처음에는 조합원이라는 신분을 낯설어했다. 하지만 정기적으로 공동체 생활에 대한 교육을 받으면서 점차 마음을 열기 시작했다. 전 입주민이 소속된 이음채주거협동조합은 청소, 경비뿐 아니라 전기, 소방 안전까지 전반적 주택 관리를 도맡는다. '육아'라는 공통분모는 무엇보다 조합원들을 강력하게 묶는 끈이다. 주민들은 1층에 마련된 공동 육아 시설 '이음채움'에서 장난감을 비롯한 유아용 물품을 공유하고, 이는 카풀 등의 공유 경제로 발전할 조짐을 보이고 있다. 서울시는 예술을 공통분모로 하는 만리동 예술인협동조합, 35세 미만 1인 가구 공동체인 홍은동 청년협동조합을 추진하고 있다.

민간 주도의 공동체 주거도 활발하다. 서대문구 남가좌동의 '가좌330'은 주거 문화 프로젝트 '새동네'의 첫 번째 집이다. 새동네의 취지는 안정적 임대 주택을 제공함으로써 소유와 투자가 중심이 된 부동산 시장에 작은 변화를 일으키는 것. 총 여섯 세대로 이뤄진 가좌 330의 월 임대료는 1제곱미터당 1만 원이다. 최소 2년부터 최대 20년까지 살 수 있으며 재계약 인상률은 5퍼센트 이내로 제한한다. 월세에 마일리지 개념을 도입해 2년마다 월세의 10퍼센트가 적립돼 10년 동안 월세를 내면 5년을 무료로 살 수 있다.

생활을 공유하는 이음채 조합원들과 달리 새동네 주민들은 집에 대한 가치관을 공유한다. 부동산을 소유하는 것보다 좋아하는 동네에서 안정적으로 사는 것을 선호하는 새동네의 취지에 공감한다면 연회비를 내고 '예비 주민'이 되면 된다. 예비 주민은 웹사이트를 통해 살고 싶은 동네와 원하는 집 크기 및 형태에 관해 의견을 제시하고 구체적 그림이 그려지면 시공에 들어간다.

2014년 말 새동네의 두 번째 프로젝트 '토끼집'이 남가좌동에 완공됐다. 예비 주민들의 열띤 요구에 힘입어 세 번째 집은 연남동에 지어질 가능성이 크다. 서울을 시작으로 지방 소도시로 확대할 계획이라고 하니 언젠가는 새동네 주민끼리의 자유로운 이사도 가능해질 수 있겠다.

작은 집 열풍과 공동체 주거 문화는 집을 재산 증식의 도구로 보지 않는다는 점에서 상통한다. 건축가 정영한 씨는 소유할 수 있는 재화의 크기가 점점 줄어드는 요즘 같은 때에 "공유는 한국 주거 문화에서 대단히 중요한 이슈"라며 "작은 집과 어떻게 맞물려 발전할지 흥미롭다"고 말했다.

"역설적이게도 차별성과 개성은 공유 문화를 자극합니다. 작은 집을 짓고 싶어 하는 사람들의 상당수가 집이나 소유에 대한 관념이 명확한 편인데, 이는 자기와 생각이 같은 사람들과 공동체를 이룰 수 있는 가능성으로 이어지거든요. 최근 협동조합형 주택과 작은 집에 대한 관심을 보면, 좀 이르긴 하지만 주거에서 소유의 개념이 서서히 옅어지는 신호가 아닐까 합니다."

대지 위치	부산광역시 동래구 수안동
대지면적	103.00제곱미터(31.15평)
건물 규모	3층
건축면적	59.85제곱미터(18.10평)
연면적	166.61제곱미터(50.39평)
건폐율	59.89퍼센트
용적률	163.70퍼센트
최고 높이	11.00미터
구조재	철근 콘크리트, 경량 목구조
지붕재	컬러 강판
단열재	고밀도 글라스울
창호재	PVC 시스템 창호
외장재	코르텐강판, 방부목(레드파인), 외단열 미장 마감 공법
내장재	수성페인트, 벽지
설계자	디자인아뜰리에비온후풍경 장지훈 www.genius-partners.com

비온후주택 옆마당. 이웃에 사는 설치 작가 백성준 씨와
마당을 공유하고 있다.

측면. 가늘고 길게 이어 붙인 나무가 내부까지 연결돼 통일감을 준다.

집 정면에 산화 철판을 파사드처럼 사용했다. 일반 철판과 달리
얼룩 지지 않고 전체적으로 곱게 녹스는 것이 특징이다.

1층은 온전히 출판사 사무실로만 쓴다. 집과 직장이 붙어 있기 때문에 공적 공간과 사적 공간이 섞이지 않도록 주의를 기울였다.

2층으로 올라가는 철제 계단. 이은미 씨의 친구인
금속 조각가 박은생 씨 작품이다.

3층은 침실, 거실, 다락이 있는 주거 공간이다. 박공지붕 때문에 훌쩍
높아진 천장이 시원하다. 천창 덕에 최고의 채광을 자랑하는 공간.

한쪽 다락방은 주인집 아들이 침실로 사용하고 있다.

맞은편 다락방은 수납공간으로 쓰고 있다. 이 씨가 수집하는
팝업북이 잔뜩 쌓여 있다.

양쪽 다락을 연결하는 브릿지도 알뜰하게 수납공간으로 활용 중이다.
좁은 공간에 맞게 단출한 천 소파와 작은 탁자를 놓았다.

2층 사랑방. 왼쪽 슬라이딩 도어를 닫으면 회의실처럼 쓸 수 있고,
도어를 열면 열린 주방으로 변신한다.

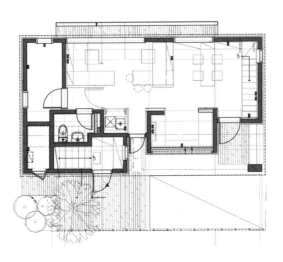

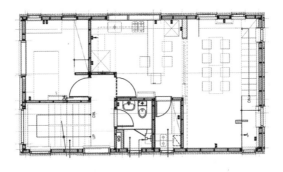

1층 평면도

2층 평면도

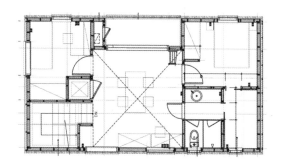

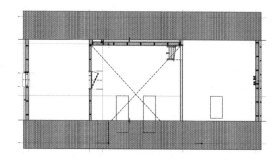

3층 평면도
다락 평면도

되팔지 않고 써서 없앤다
전남 목포 네모하우스

컨테이너 하우스는 집을 자산이 아닌
주거 공간으로 여길 때 가능한 집인 것 같습니다.
가전이나 가구처럼 10년, 20년씩 쓰고
수명이 다하면 폐기하는 거죠. 집 가지고
돈 벌 생각만 버리면 마음이 편해집니다.

2013년 5월 초 전남 목포시의 한 시골 마을에 대형 트럭 네 대가 들어왔다. 흙먼지를 일으키며 도착한 트럭이 부려놓은 것은 컨테이너 세 개. 인부들은 컨테이너를 내려놓은 뒤 조립과 배선 연결 등의 작업을 마치고 돌아갔다. 아침에 출근했다가 저녁에 퇴근한 주민들은 어리둥절해했다. 공터였던 곳에 하루아침에 집이 생긴 것이다. 길이 12미터, 폭 2.4미터, 높이 2.9미터의 컨테이너 세 개를 쌓아 만든 집, 생각나무파트너스건축사무소 강주형, 이강수 소장이 설계한 네모하우스다.

'건축'이 아닌 '설치'된 집

컨테이너 한 개 당 면적은 28.8제곱미터(8.7평)다. 두 개를 붙이면 57.6제곱미터, 여기에 건축가들이 머리를 짜내 추가한 공간까지 합치면 네모하우스의 건축면적은 85.7제곱미터(25.9평)다. 4인 가족이 사는 곳이지만 결코 작지 않은 이 집을 '작은 집 시리즈'에 포함시킨 이유는 컨테이너가 가진 건축적 가능성, 그리고 그것이 바꿔놓을 집에 대한 의식 때문이다.

한국 주택 문화에서 컨테이너가 차지하는 위상은 말하기 조심스런 면이 있다. 건설 현장 인부들이 머물 곳이 없을 때, 노숙자들을 위한 거처를 마련해야 할 때, 재난을 당한 이들이 임시로 살 곳이 필요할 때······. 컨테이너는 춥고 열악하고 쓸쓸한 풍경에 단골로 등장하는 오브제다. 차가운 골철판과 칙칙한 회색 페인트는 '안정적 거주'의 느낌과는 거리가 멀고, 한국에서 집을 판단하는 핵심 기준인 '자산 가치'와는 더더욱 거리가 멀다. 그 때문에 컨테이너 집에 대한 인식은 '겨울에는 춥고 여름에는 더운' '사람 살 곳이 못 되는' 등으로 굳어져버렸다.

네모하우스 건축주인 Y씨 부부가 처음 주택을 의뢰했을 때도 컨테이너로 만든 집은 생각조차 하지 않았다. 그들이 원한 것은 평범한 전원주택이었다. 유치원생인 딸과 초등학교에 다니는 아들에게 매일 같이 "뛰지 말라"고 외치지 않아도 되는 집. 철마다 옷을 갈아입는 자연을 온 몸으로 만끽할 수 있는 집. 다행히 부부가 살던 전남 목포 신시가지에서는 '귀촌'이라는 단어의 무게가 서울만큼 무겁지 않았다. 차로 20분만 가면 고층 빌딩이 깨끗이 사라지고 논밭이 펼쳐져 직장이나 학교를 옮기지 않고도 쉽사리 귀촌의 꿈을 실현할 수 있었다. 부부가 점찍은 영암군의 한 마을은 낡은 농가 주택의 철문 사이로 경운기가 들여다보이는 전형적 시골 동네다. 최근 들어 젊은 부부의 유입이 늘기는 했지만 여전히 한산하고 조용한 이 마을이 부부는 마음에 쏙 들었다.

컨테이너에도 급이 있습니다

문제는 예산이었다. 1억 원 남짓한 건축비로는 4인 가족이 살 집을 짓는 게 거의 불가능했다. 강주형, 이강수 소장은 컨테이너 집을 제안했다. 컨테이너는 기본적으로 운송을 목적으로 만들어진 것이지만 철근 콘크리트나 목조에 못지않은 훌륭한 건축 구조체다. 구조체이면서 그 자체로 외피의 역할을 겸하는 것도 컨테이너만의 장점이다.

"컨테이너는 비용적 측면에서 선택의 폭이 매우 넓은 건축자재예요." 강주형 소장이 컨테이너의 다양한 종류에 관해 설명했다. "콘크리트는 비용의 하한선이 있지만 컨테이너는 그런 게 거의 없어요. 있더라도 콘크리트보다 훨씬 낮죠. 단순하게 말하면 콘크리트로 짓는 집의 비용을 최대 10이라고 볼 때 아무리 낮춰도 3까지 밖에 내려갈 수 없다면 컨테이너는 10부터 1까지 가능해요. 컨테이너 집에 대한 인식이 안 좋은 이유는 지금까지 1, 2에 속하는 컨테이너가 대부분이었기 때문이에요."

그가 말하는 1, 2의 컨테이너는 주로 공사 현장에서 가설 건물로 사용되는 것이다. 컨테이너 제조사에서 300-400만 원이면 뚝딱 만들어주는 이런 컨테이너는 수명이 4-5년 정도다. "건축에 쓰이는 것과 공사장에서 사용하는 것은 철판 두께와 열처리 방식에서 차이가 큽니다. 고급 컨테이너는 수명이 20-25년 정도예요. 일반 아파트나 주택의 수명과 크게 다르지 않죠. 더 좋은 건 친환경적이라는 거예요. 땅을 헤집고 짓는 전통적 건축 방식과 달리 다른 곳에서 만들어 와 땅 위에 설치만 하면 되기 때문에 대지에 부담이 덜 하죠."

건축가들은 네모하우스에 중고 해상 운송용 컨테이너를 사용했다. 해상 운송용으로 만들어진 것은 매일 거친 바다를 오가면서도 파손되지 않아야 하기 때문에 검수 과정에서 스펙을 엄격히 따진다. 내구성이 좋아 내부에 기둥을 세우지 않고도 위에 컨테이너를 또 쌓을 수 있어 2층 주택을 지을 때 특히 좋다.

　컨테이너를 이용한 건축의 핵심은 배치다. 무에서 유를 창조하는 전통적 건축과 달리 컨테이너 건축은 유에서 다른 유를 창조하는 방식이기 때문에 공간 구성에서 어느 정도 제한을 받게 마련이다. 그러나 이는 전통적 건축에서는 할 수 없는 다양한 묘를 부릴 여지가 있다는 뜻도 된다.

　건축가들은 컨테이너 두 개를 바투 붙이지 않고 2.2미터 가량 떨어뜨려 놓은 뒤 그 위에 또 하나의 컨테이너를 얹었다. 두 컨테이너 사이에 생긴 공간은 앞뒤를 막아 그대로 집 면적에 포함시켰다. 컨테이너 세 개를 썼지만 실질적 크기는 네 개에 맞먹는 셈이다. 2층에 올린 컨테이너는 1층에 비해 옆으로 약간 밀어서 쌓아 입체감을 줬다. 이는 그대로 기능으로 직결돼 2층의 튀어나온 부분은 1층 현관의 캐노피(개폐구 상부에 비나 햇빛을 가리기 위해 설치하는 차양)가 되고, 반대편 1층의 튀어나온 부분은 내부에서 유휴 공간으로 남아 드레스룸이나 다용도실로 쓸 수 있게 됐다.

배치를 끝내고 난 뒤에는 내벽을 모두 터서 마음대로 공간을 구획할 수 있다. 1층에는 거실과 안방, 주방, 다용도실을 만들고 2층은 두 아이의 방으로 꾸몄다. 계단은 보통 집 구석으로 밀어 놓기 마련이지만 오히려 정중앙에 배치하고 계단 양 옆으로 대형 책장을 만들어 붙였다. 집 가운데의 책장이 책 수납, 계단의 난간, 거실과 주방을 구분하는 역할을 동시에 수행하는 셈이다. 주방에서 일하던 엄마는 책장 사이사이에 난 작은 공간을 통해 거실에서 노는 아이들의 동태를 살피곤 한다.

집 갖고 돈 벌 생각만 버리면 편해져요

건축가들의 고민 가운데 하나는 컨테이너 외피의 느낌을 얼마나 노출할지였다. "컨테이너 특유의 골철판을 좋아하는 사람들도 있어요. 산업 현장의 기계적 느낌, 풍랑에 시달린 흔적 자체를 멋이라고 생각하는 거죠. 갤러리나 카페에 컨테이너를 활용하려는 사람들 가운데는 컨테이너의 찌그러진 부분이나 그 위에 쓰인 화물명까지 그대로 두라고 하는 경우도 있어요."

그러나 Y씨 부부는 컨테이너의 멋에 반해 선택한 경우가 아니므로 신중을 기해야 했다. 건축가들은 1층의 컨테이너 두 개를 각각 흰색과 빨간색으로 칠한 뒤 2층 컨테이너는 흰색 바탕에 붉은 테두리를 둘러 완성했다. 낮은 산과 논밭으로 둘러싸인 이곳에서 하얗고 빨간 네모 상자들은 마치 레고 블록처럼 이색적이다. 외부에서 볼 때 가장 먼저 눈에 들어오는 집의 전면에는 길게 자른 나무를 촘촘히 이어 붙였다. 나무의 따스한 느낌은 철판의 차가움을 효과적으로 상쇄시킨다.

그러나 컨테이너 고유의 매력도 포기하지 않았다. 미학적 관점에서 볼 때 컨테이너에서 가장 탐스러운 부분은 한쪽 끝에 난 문이다. 특히 울룩불룩한 요철에 압도적으로 달린 철제 잠금쇠는 박력 그 자체다. 수십 톤의 짐이 부려질 때마다 거칠게 여닫혔을 문의 기억을 건축가들은 잠금쇠를 그대로 살림으로써 보존했다. 물론 여기에는 집주인의 흔쾌한 동의가 있었다.

부부 가운데 특히 이 문을 좋아하는 것은 아내 Y씨다. 가정주부와 화물용 컨테이너는 어딘지 어울리지 않는 조합 같지만 그는 "특이해서 좋다"고 한다. 건축가들은 문의 기능도 그대로 살려 실제로 여닫을 수 있게 만들었다. 실내와 문 사이에는 전면 유리창을 설치해 바깥 날씨가 궂을 때도 문을 열 수 있다. 한겨울에 주방 쪽 컨테이너 문을 활짝 열고 겨울 볕을 집 안으로 끌어들이는 것은 Y씨가 이 집에서 누리는 낙 가운데 하나다.

집집마다 숟가락 개수까지 알고 있는 작은 마을에서

네모하우스는 단연 가장 유명한 집이다. 주민 분들이 집에 관해 뭐라고 하시더냐는 질문에 Y씨는 "놀러 오신 분들이 '집 안은 좋네' 하시던데요."라며 웃었다. 대부분이 고령인 이곳 주민들에게 컨테이너 주택은 여전히 낯설다.

Y씨 남편은 "전원생활을 할 수 있다면 어떤 집이든 상관없었다"고 하지만, 말하는 중간중간에 처음 컨테이너 집을 제안 받았을 때의 고민을 내비쳤다.

"한국에서 집을 지을 때 자산 가치를 생각하지 않을 수 없죠. '나중에 팔았을 때 처음 들인 건축비를 건질 수 있을 것인가.' 컨테이너 하우스는 집을 자산이 아닌 주거 공간으로 여길 때 가능한 집인 것 같습니다." 그는 '감가상각'이라는 단어를 꺼냈다. "가전이나 가구처럼 10년, 20년씩 쓰고 수명이 다하면 폐기하는 거죠. 집 가지고 돈 벌 생각만 버리면 마음이 편해집니다."

'부풀려 되파는' 것이 아니라 '써서 없애는' 집. 지금 네모하우스가 우리에게 제안하는, 집에 대한 새로운 인식법이다.

지속 가능한 건축의 미래, 모듈러 건축

컨테이너 건물은 넓게 보면 모듈러 건축의 일종이다. 골조와 마감재, 배선, 온돌 등 주요 구조부를 공장에서 만든 뒤 현장으로 옮겨와 조립해 완성하는 모듈러 건축은, 공사 기간 단축, 저렴한 비용, 편리한 이동성, 설치의 간편함, 자재 재활용 등 '친환경'이라는 시대적 요구에 여러모로 부합한다.

반가운 사실은 최근 국내에 지어진 컨테이너 건축물들이 모두 '핫'한 건물로 부상하고 있다는 것이다. 2009년 논현동에 들어선 복합 문화 공간 플래툰 쿤스트할레(Platoon Kunsthalle)는 대형 컨테이너 건축물의 시초로, 컨테이너 스물여덟 개를 쌓아 올려 만들었다. 반항적 외관답게 힙합 공연, 비주류 전시 등 서브컬처를 수용하는 대표 공간으로 자리매김했다. 원 주인이었던 독일 아티스트 그룹 플래툰(Platoon)이 2014년 말을 끝으로 철수하면서 운영사가 SJ 쿤스트할레(SJ Kunsthalle)로 변경돼 2015년 4월 재개관했다.

이 건물을 설계한 건축 디자인 회사 얼반테이너(Urbantainer)는 4월 건국대학교 입구 인근에 문을 연 쇼핑몰 커먼 그라운드(Common Ground)의 설계자기도 하다. 지하 1층부터 지상 4층까지 연면적 5,289제곱미터(약 1,600평)에, 무려 200여 개의 컨테이너가 소요된 이 건물은 세계 최대 규모의 컨테이너형 복합 쇼핑몰로 불린다. 공장에서 공정의 80퍼센트를 끝내고 현장에선 조립과 인테리어만 한 덕에 거대한 규모에도 6개월 만에 시공을 마칠 수 있었다. 건축비도 일반 상업 건물의 75퍼센트 수준이다. 더 놀라운 것은 이 큰 건물이 팝업(한시적으로 운영했다가 철거하는) 스토어라는 것이다. 운영 주체인 코오롱인더스트리 FnC는 처음부터 8년만 운영하고 서울의 다른 장소나 지방으로 이전할 계획이라고 밝혔다. 대형 쇼핑몰 사이에서 경쟁력을 갖추기 위한 독특한 전략으로, 이를 가능하게 한 것은 물론 컨테이너의 뛰어난 해체성과 이동성이다.

상업용 건물 외에 주택에서도 모듈러 건축의 가능성이 감지되고 있다. 2012년 청담동에 지어진 외국인 직원 전용 기숙사 뮤토(MUTO)는 국내 최초의 이동형 모듈러 주택이다. 모듈 열여덟 개를 조립해 블록처럼 쌓아 만든 뮤토는, 제작부터 준공까지 45일 밖에 걸리지 않았다. 내부도 일반 원룸과 별 차이가 없다. 뮤토를 건립한 포스코A&C는 민간 토지를 임대해 건물을 올린 뒤 임대 계약이 종료하면 다른 곳으로 이동하는 방식을 염두에 두고 건물을 지었다. 포스코 측이 "다양한 형식의 모듈러 주택을 통해 본격적으로 주택 시장에 진입할 것"이라고 말한 것으로 미뤄 집을 구하는 이들의 선택지 안에 모듈러 주택이 포함될 날이 멀지 않은 듯하다.

모듈러 건축 특유의 '임시성'과 '친환경성'은 부동산에 대한 한국 일반의 의식을 바꿀 수 있다는 점에서 주목할 만하다. 강주형, 이강수 소장은 네모하우스에 대한 대중의 관심이 모듈러 건축에 대한 수용으로 확산되기를 기대하고 있다. "산업에서 파생된 구조물을 재활용하는 것은 친환경 건축의 큰 흐름 가운데 하나입니다.

집을 새로 짓고 부술 때마다 쏟아지는 방대한 쓰레기를 생각하면 모듈러 건축은 한국이 아니라 전지구적 차원에서 논의돼야 할 화두예요."

대지 위치	전라남도 영암군 학산면
대지면적	437.00제곱미터(132.42평)
건물 규모	지상 2층
건축면적	85.70제곱미터(25.96평)
연면적	98.61제곱미터(29.88평)
건폐율	19.61퍼센트
용적률	22.57퍼센트
주차 대수	두 대
최고 높이	6.20미터
구조재	컨테이너조(경량 철골구조)
단열재	PU, 그라스울, 석고보드
창호재	PVC 시스템 창호
외벽 마감재	철판 위 도색,
	루나우드 루버(전면 1층 구간)
설계자	생각나무파트너스건축사사무소
	강주형, 이강수
	www.thinktr.com

논밭으로 둘러싸인 전원 마을에 빨간 컨테이너 하우스가 이색적이다.
트럭에 컨테이너를 싣고 와 하루 만에 조립을 마쳐 마을 주민들을
더욱 놀라게 했다.

네모하우스 앞 마당. 유치원생과 초등학생인 자녀들이
강아지와 함께 뛰노는 곳이다.

위에 쌓은 컨테이너가 앞으로 쭉 밀려나와 1층의 현관 역할을 한다.
빨간 문에 달린 쇠막대는 컨테이너에 달려 있던 잠금 장치를
그대로 둔 것이다.

내부는 일반 가정집과 똑같다. 서가가 계단의 난간 역할을 하면서
거실과 주방을 느슨하게 구분한다.

주방 쪽에서 거실을 본 모습. 요리하는 동안 거실에서
아이들이 잘 노는지 확인할 수 있다.

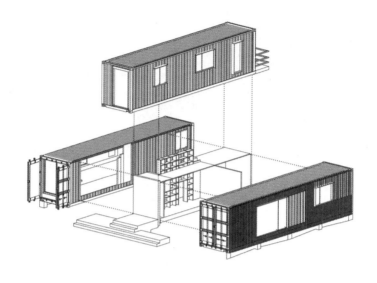

아래 컨테이너 두 개를 바짝 붙이지 않고 2미터 가량 떨어뜨린 뒤
위에 컨테이너 하나를 더 얹어 실제 부피는 컨테이너 네 개에 맞먹는다.

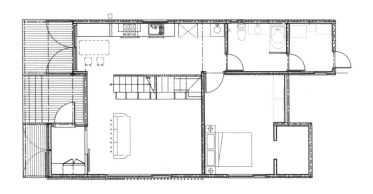

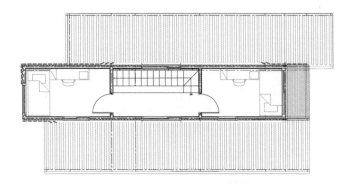

1층 평면도
2층 평면도

책과 음악이 있는 은신처
제주 유수암주택

소파와 TV 세트, 테이블로 구성된 거실은
처음부터 생각도 안 했습니다. 건축가에게
요구한 것 가운데 하나는 대한민국의 전형적
아파트 구조와 전혀 다른, 재미있는 공간을
구현해달라는 거였어요.

어린 시절 집 안에서 술래잡기를 하다가 장롱에 숨어들어간 기억은 누구에게나 있을 것이다. 헐떡이는 숨을 누르며 장롱 안으로 들어가면 은밀한 조력자의 손이 문을 닫아주고, 눈앞에는 캄캄한 천국이 펼쳐진다. 조금만 움직여도 합판에 부대끼는 어깨, 문이 열릴까 봐 힘껏 웅송그린 무릎, 내쉬기 무섭게 벽에 부딪쳐 돌아오는 숨결. 장롱은 좁았고, 그래서 작은 행복으로도 금방 꽉 찼다. 작아도 행복한 것이 아니라 작아야 행복할 수 있는 집. 제주도 유수암주택에는 협소함의 행복이 곳곳에 숨어 있다.

음악만을 위한 공간을 만들어 주세요

중학교 국어 교사인 부 씨에게는 오래 전부터 꿈꾸던 집이 있다. 널찍한 정원 위에 자리 잡은 작은 집. 제주 시내에서 아파트 생활을 해온 그에게 큰 집은 단순히 경제적 부담의 문제만은 아니었다. "쓰지 않는 공간을 계속 이고 살아간다는 게 심적으로 부담이 됐습니다. 처음에는 15평 정도의 집을 생각했어요." 부 씨는 꿈꾸던 집을 짓기 위해 이미 10여 년 전 애월읍 유수암리 한적한 곳에 땅을 사놓은 터였다. 그는 딸들이 출가하고 중학교 음악 교사인 아내와 둘만 남게 되자 본격적으로 건축가를 찾아 나섰다.

"한 마디로 천혜의 경관이었죠. 설계하는 내내 얼마나 부러웠는지 몰라요." 유수암주택을 설계한 홈스타일토토의 임병훈 소장은 2012년 자신이 운영하는 인터넷 카페를 통해 부 씨를 만났다. 설계를 의뢰받아 제주도로 내려간 임 소장은 집터를 보고 감탄하지 않을 수 없었다. 남쪽으로는 한라산이, 북쪽으로는 바다가 멀리 펼쳐져 있어 어느 쪽에 창을 내야 할지 고민해야 할 지경이었다. 그러나 부 씨는 잡지에 나오는 것처럼 전면을 유리창으로 댄 그럴싸한 집을 바라는 게 아니었다. 그가 건축가에게 전달한 노트에는 외관 디자인에 대한 요구 사항은 거의 찾아볼 수 없고, 대신 "숨어서 마음 편하게 책을 읽거나 음악을 들을 수 있는 공간, 지붕창이 있는 멋진 다락방, 아내가 맘에 쏙 들어 할 주방" 등이 적혀 있었다. 임 소장은 이 집을 설계하면서 '남에게 보여주기 위한 집과 자기만족을 위한 집의 차이'를 여실히 깨달았다고 말한다. 물론 유수암주택은 후자였다.

부 씨의 요구 가운데 가장 특이한 것은 "오직 음악만을 위한 공간을 만들어 달라"는 것이었다. 음악 교사인 아내부터 바이올린과 첼로를 전공한 딸들까지, 음악은 부 씨 가족을 하나로 묶는 끈이다. 아파트 생활을 하면서 가장 갈증을 느낀 부분도 좋은 환경에서 음악을 들을 수 없다는 것이었다. 이웃 눈치를 보느라 볼륨을 높일

242

수 없는 것은 물론이고, 거실이 주방을 향해 트인 아파트의 일반적 구조 때문에 소리가 한 곳으로 모이지 않고 사방팔방 퍼져나갔다.

"오디오를 방 안에 들여놓는다고 해도 아파트에 쓰이는 유리와 콘크리트 때문에 소리가 난반사됩니다. 그걸 조절할 수 있는 자재가 나무인데, 그 가운데서도 편백나무는 음향 조절력이 좋아서 음악당 내장재로도 많이 사용되죠."

건축가는 집 한 편에 네 면을 편백나무로 둘러싼 작은 음악 감상실을 만들었다. 소리를 풍성하게 하기 위해 천장을 약간 높이고, 독립 접지 방식으로 오디오에만 별도로 전기를 공급해 소음을 최소화했다. 공간에 놓인 것은 오디오 세트와 안락한 1인용 의자뿐. 부 씨는 소리에 영향을 끼칠까 봐 음반 수납장도 바깥에 내놨다. 온전히 소리가 주인으로 모셔진 공간에 부 씨 부부는 객처럼 들러 음악을 즐긴다.

"남들처럼 비싼 오디오 세트를 사거나 전문 음악 감상실을 만들 여유는 없어요. 다만 내 집이니까 좋은 음

243

향을 위해 최소한의 환경을 설정해보려고 노력했죠."
그는 아파트에서 쓰던 오디오를 그대로 가져왔는데도
"소리가 상대가 안 된다"며 어린애처럼 즐거워했다.

은신의 권리를 회복하다

다용도성이 필수인 작은 집에서 용도가 하나뿐인 공간
을 만드는 것은 매우 과감한 시도다. 오직 소리를 즐기
는 데만 서너 평을 할애하는 호사가 가능했던 이유는 부
씨가 거실을 포기했기 때문이다. 아니, 포기라기보다는
거부에 가깝다. "소파와 TV 세트, 테이블로 구성된 거
실은 처음부터 생각도 안 했습니다. 건축가에게 요구한
것 가운데 하나는 대한민국의 전형적 아파트 구조와 전
혀 다른, 재미있는 공간을 구현해달라는 거였어요."

유수암주택에는 그래서 거실이 없다. 여러 방이 거
실을 둘러싼 아파트식 구조와 달리, 집은 ㄱ자 형태로
꺾여 있어 복도를 따라 다양한 공간을 아기자기하게 배
치했다. 이런 공간에선 마음먹고 모이지 않는 한 가족
끼리 마주칠 일이 많지 않다. "아파트는 보통 거실을 방
들이 빙 둘러싼 구조라 방에서 나가려면 거실에 있는

245

사람과 반드시 눈이 마주치잖아요. 좋을 때도 있지만 불편할 때도 있죠. 감시받는 것처럼 느껴질 때도 있을 테고요."

접객이나 휴식 등 원래 거실이 해야 할 역할은 현관을 들어서자마자 보이는 작은 실내 평상이 대신한다. 바닥을 60센티미터 정도 높여 만든 이 평상은 서너 명이 둘러앉으면 꽉 차는 크기지만, 집에서 가장 많은 기능을 담당하는 곳이다. 방석을 놓으면 운치 있는 접객 공간으로 변신하고, 손님이 없을 때는 독서, 식사, 수면 공간으로 다양하게 활용된다. 평상 안은 창고처럼 만들어 안 쓰는 물건을 수납했다. 여름에는 특히 시원해 부부가 거의 살다시피 하는 곳이다.

평상 위 공간에는 작은 간이 다락을 조성했다. 다락방 서재를 원하던 부 씨를 위해 건축가는 2층에 이미 다락방을 만들어놓았는데, 만들고 보니 전망이 너무 아까워서 천장고를 조금 높여 제대로 된 서재로 쓰기로 했다고 한다. 계단을 타고 올라가 보니 과연 큰 창 안으로 제주도 앞바다가 한눈에 들어온다. 책들에 둘러싸여

앉은뱅이책상에서 종일 책을 읽는 게 요즘 부 씨의 휴일 일과다.

1층의 간이 다락방은 창문도 없고 어른 한 명이 누우면 꽉 찰 만큼 좁지만, 이 집에 놀러 오는 아이들에겐 단연 최고의 장소다. 아이들은 올라가봤자 별 것 없다는 걸 알면서도 기어이 가파른 사다리를 올라 좁고 어두운 다락이 주는 흥분감에 몸을 맡긴다. 이 다락에 열광하는 것은 아이들뿐이 아니다. "여기 올라가 있으면 내가 집에 있는 줄 아무도 몰라요." 남편의 장난기 어린 말을 아내가 받았다. "처음 입주했을 때 보름 동안은 침실 대신 여기서 잤어요. 꼭 2층 침대 같지 않아요?"

복도를 따라 조성된 '작은 책의 길'

집을 설계할 때 또 하나의 난점은 책을 수납할 공간이었다. 이사 오면서 3,000권이나 되는 책의 3분의 1 가량을 버렸지만 그래도 공간이 부족했다. 65제곱미터(약 20평) 크기의 1층은 음악 감상실과 침실, 주방, 화장실만으로도 이미 꽉 차 서재를 또 만드는 것은 무리였다. 2층의 서재에 놓고도 남은 책을 수납할 장소로 건축가는 복도를 제안했다. 서재를 따로 만들지 말고 복도를 따라 책장을 설치해 책을 수납하자는 것이다.

음악 감상실에서 안방에 이르는 4미터 길이의 통로는 이렇게 서재가 됐다. 한쪽에는 바닥부터 천장까지 꽉 맞게 서가를 짜서 책과 음반을 꽂고, 반대편에는 전시장에서 쓰는 레일을 설치해 제자들과 함께 찍은 사진을 전시했다. 부 씨는 비슷한 사례를 조사하다가 '책의 길(이일훈 건축가가 설계한 잔서완석루)'이라는 것을 발견하고 이곳을 '작은 책의 길'이라고 불렀다.

'작은 책의 길'의 백미는 끄트머리에 놓인 책상이다. 복도가 책을 수납하는 데 머물지 않고 책을 읽는 공간도 되기 바랐던 부 씨는 벽에 작은 창을 내달라고 한 뒤 그 앞에 책상을 놨다. 의자에 앉으면 뒤쪽 서가에 등이 닿을락 말락 할 만큼 좁다. 복도를 꽉 채우고 앉아 있다 보면 도서관 한 귀퉁이에 쭈그리고 앉아 책을 보던 기억이 떠오른다. 나이든 책이 뿜어내는 낡은 공기가 좁은 통로를 압도하고 작은 창으로 비밀스런 빛이 들어오면 어린 시절 꿈꿨던 완벽한 은신처가 완성된다.

마당으로 나가면 제법 큰 툇마루가 보인다. 집 어딘가에 한옥의 디테일이 있었으면 좋겠다는 건축주의 요구에 따른 것이다. 아마도 마당에서 일하다가 잠깐 걸터앉아 땀을 식히는 자신의 모습을 떠올렸을 것이다. 유수암주택 방문 당시에도 부 씨는 마당에서 잔디를 심다가 툇마루에 앉아 숨을 돌리던 차였다. "내년이나 돼야 뻗을 겁니다." 아직 아무것도 피워내지 못한 맨 땅이 쑥스러운 듯 지레 답하던 그는 곧 신이 나서 양파, 대파,

부추를 심을 계획을 늘어놓았다.

애초에 두세 명이 앉을 만한 크기로 계획된 툇마루는 부 씨가 도중에 마음을 바꾸면서 여남은 명이 앉아도 남을 만큼 넓어졌다. 땀을 식히는 것 외에 여러 용도로 쓸 수 있을 것이라는 생각 때문이었다. 부부는 지난여름 이곳에 테이블과 의자를 놓고 종종 식사를 하거나 차를 마셨다. 부 씨는 "그저 먼 훗날의 꿈일 뿐"이라고 강조하며 마음속에 담아뒀던 계획을 꺼냈다. "나중에 여기서 작은 음악회를 열면 어떨까 싶어요. 학생들과 동네 사람들을 초대해서 연주자 두세 명이 음악을 연주하고 학생들은 잔디 위에 텐트를 치고 야영을 하는 거죠." 그의 계획이 실현된다면 유수암주택은 억새로 둘러싸인 땅 한가운데 놓인 작은 음악상자가 될 것이다.

집 안에는 추사 김정희가 쓴 현판이 걸려 있다. 조부에게 물려받은 '천화불염루(天花不染樓)'라는 글을 그는 "이 집의 이름으로 생각하고 있다"고 말했다. "'천화'는 하늘에서 내리는 꽃인데 불법의 진리를 말합니다. '불염루'는 세속으로부터 오염되지 않은, 마음을 청결하게 하는 장소를 뜻하고요. 세상사에 휩쓸려 본질을 잊고 세속에 물들었을 때 이 집이 다시 스스로를 돌아볼 수 있게 하는 장소가 됐으면 합니다."

제주도에 집짓기, 육지와 똑같이 생각하면 큰일

제주도는 최근 귀촌에 관심을 가진 이라면 누구나 한 번씩 답사하는 인기 지역이 됐다. 그러나 관련 법규부터 기후, 정서 등 모든 것이 육지와 달라 멋모르고 달려들었다가 된통 고생만 하고 나가떨어지는 사람이 부지기수다. 유수암주택으로 처음 제주도에 입문한 임병훈 소장은 제주도에 집을 지으려면 사람들에게 현지 시공자부터 찾으라고 조언한다.

"제주도는 육지와 달라 자재 수급, 인력 수급 문제가 있어서 현지에 뿌리 내린 시공자가 아니면 전체적 공정 관리가 어려워요. 일감만 보고 제주도 들어갔다가 본전도 못 건지고 나온 육지 시공자들을 심심찮게 봤습니다."

임 소장은 시공자뿐 아니라 인허가 관계를 따지는 일도 모두 현지 업체에 자문을 구했다. 다행히 수년 전 외지에서 제주로 이주한 사람들이라 외부 디자이너에게 마음이 열린 편이었다. 경험 많은 파트너들 덕에 상대적으로 시행착오를 덜 겪었지만, 비싼 건축비와 복잡한 심의에 놀란 적이 한두 번이 아니라고 한다.

"건축비가 육지에 비해 20퍼센트 정도 비싸다고 보면 됩니다. 자재 물류비만 15퍼센트 정도 늘어나고 인건비도 비싼 편이에요. 최근 제주 집짓기 붐 때문에 일손이 더 귀해졌어요. 비가 자주 와서 전체 공사 기간이 길어지다 보니 관리비, 경비가 많이 들어가는데 이것도 전체 공사비를 높이는 요인이 됩니다. 전등 같은 인테리어 소품은 인터넷에서 주문할 수 있어서 배송료를 제외하고는 큰 문제가 없어요. 건축비를 절약하려면 이런 저런 자재를 많이 섞지 말고 담백하게 디자인하고, 제주에서 수급이 용이한 자재 위주로 짓는 게 좋습니다."

섬 특유의 종잡을 수 없는 기후도 사람들을 좌절하게 하는 요소 가운데 하나다. 육지와 달리 섬은 단열보다는 습기와 바람에 더 신경 써야 한다. 유수암주택의 경우 건축가가 외단열 공법(콘크리트 구조체의 외측에

253

단열재를 배치하는 공법)을 적용하려 했으나 시공사가 강풍에 떨어질 위험이 있다고 바꾸기를 권고했다.

"섬이라 항상 태풍의 경로 안에 있어서 풍하중을 고려해 골조도 튼튼히, 지붕 마감도 견고히 해야 합니다. 설계하는 건축가도 이런 부분에 다소 보수적으로 접근할 필요가 있어요. 외벽이 자주 젖지 않게 짧더라도 처마를 두르거나 기초를 높여 짓는 것도 도움이 됩니다. 습기를 잘 배출시키는 실내 마감재를 사용하고 창문 위치를 정할 때 맞통풍을 고려하는 것도 중요하겠죠."

섬 전체가 천연 문화재와 다름없는 제주는 심의 기준도 육지와 다르다. 특정 해안이나 자연 유산에 인접한 지역에는 심의가 더욱 까다로울 수 있으므로, 땅을 매입할 때 해당 토지에 자신이 생각하는 건물을 지을 수 있는지 여부를 지자체 관할 부서에 직접 확인해야 한다.

"제주에는 '제주특별자치도 건축계획심의기준'이라는 미관 심의가 있습니다. 색깔에 제한을 두거나 지붕의 형태를 경사 지붕으로 해야 한다는 등 생각지도 못한 제재에 부딪힐 수 있어요. 그러나 모든 디자인 요소를 세세하게 지정하기보다는 권고 사항 정도라 각 땅에 해당된 법규 사항을 잘 파악하는 게 중요합니다. 해안 도로나 관광 도로에 가까운 곳은 거리에 따라 제약을 받는 경우도 있으므로 땅을 취득하기 전에 내 땅에 걸린 제약 사항을 반드시 따져 봐야 합니다."

여러 복잡한 제약은 최근 외지인의 제주도 유입률이 급증하면서 줄어드는 추세다. 임 소장은 "앞으로 실력 있는 육지 시공사들이 제주에 진출해 경험치를 쌓을 것으로 보인다"며 "건축주들의 선택권이 많이 늘어날 것"이라고 전망했다.

대지 위치	제주시 애월읍 유수암리
대지면적	991.74제곱미터(300.00평)
건물 규모	지상 2층
건축면적	85.79제곱미터(25.95평)
연면적	94.18제곱미터(28.49평)
건폐율	8.65퍼센트
용적률	9.50퍼센트
최고 높이	6.30미터
구조재	북미산 SPF
지붕재	컬러 강판
단열재	그라울 단열재
창호재	독일식 ENSUM 창호
외벽 마감재	오메가플렉스, 적삼목
설계자	홈스타일토토 임병훈
	www.homestyletoto.com

유수암주택 전경. 넓은 마당 가운데 놓인 작은 집은
10년 전부터 집주인이 꿈꿔온 것이다.

목재와 벽돌로 마감한 내부 인테리어. 바람이 강한 지역이라
방한을 위해 벽난로를 설치했다.

2층으로 올라가는 계단. 원래 다락이 있는 1.5층 집을 계획했으나
다락의 전망이 워낙 좋아 2층 집으로 변경했다.

1층 '책의 길' 끝에 놓인 책상. 의자에 앉으면 뒤편 서가에
등이 닿을 만큼 좁다. 집주인이 가장 많은 시간을 보내는 곳.

집 앞에는 바다, 뒤에는 한라산이 있다. 어느 쪽 조망을 선택할지
망설이던 건축가는 바다를 향해 집을 지은 뒤 뒤쪽으로 큰 창을 내
한라산도 포기하지 않았다.

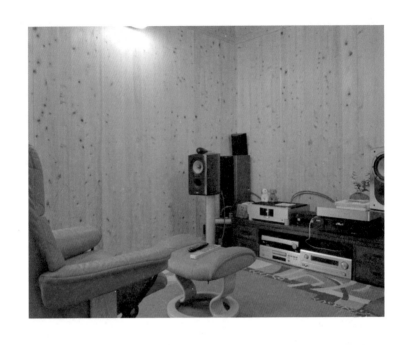

집주인의 염원이던 1인용 음악 감상실. 출근 전 의자에 앉아
한두 곡 들은 뒤 기분 좋게 하루를 시작한다.

유수암주택에서 가장 효용도가 높은 실내 평상. 소파와 TV로
구성된 아파트식 응접 세트 대신 작은 공간으로 훨씬 더
다양한 기능을 수행한다.

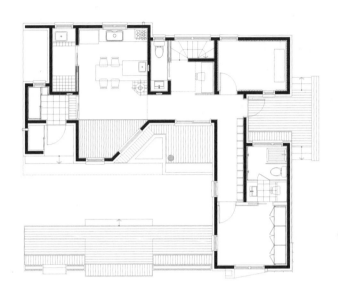

1층 평면도. 거실을 중심으로 방이 둘러싼 아파트식 구조에서 탈피했다.

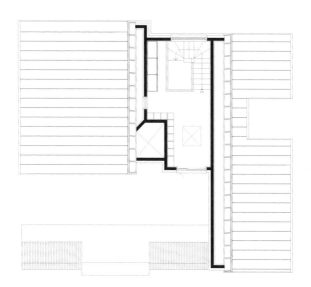

2층 평면도

작은 집은 돈이 안 된다?

작은 집 취재 중반쯤 머릿속을 채운 생각은 '계속 해도 될까?'였다. 작은 집은 한 마디로 시장성이 없었다. 취재한 집의 절반 정도는 공급과 수요의 정상적 만남이라기보다는, 건축주의 사연이 딱해 설계비를 거의 안 받거나 건축가 자신의 포트폴리오를 위해 수익을 생각하지 않고 지어준 경우였다. 작은 집 짓기를 진지하게 고려하는 독자에게 이런 사연 많은 집을 계속 소개해도 될지 고민하던 가운데, 작은 집의 시장성에 대해 거의 유일하게 긍정적 전망을 내놓는 건축가를 만났다. 까만집(64쪽)을 설계한 이루건축사사무소 이병익 소장은 건축주가 과잉 설계에 대한 욕심을 버리고 건축가들이 동네 건축으로 눈을 돌린다면, 거기서 충분히 작은 집의 가능성이 싹틀 수 있다고 확신했다.

(황수현) 매년 작은 집 설계를 의뢰하는 신혼부부의 전화가 끊이지 않는다고 하셨는데요, 소형 주택에 특히 젊은 층의 관심이 몰리는 이유가 뭘까요?

(이병익) 1980년대 들어서면서 우리나라에는 아파트가 엄청나게 들어섰어요. 정권이 바뀔 때마다 '경제 활성화'와 '내 집 마련'이라는 목적으로 도시는 물론이고, 농촌이든 산속이든 땅만 있으면 아파트를 지었고, 사람들도 주거 목적 외에도 가격 상승에 따른 목돈 마련의 기회였으니까 가격이 오를 만한 위치에 있는 아파트라면 대출을 끼어서라도 샀죠. 아마도 지금의 30대 초중반 세대가 아파트 세대일 겁니다. 그 이전 세대를 '주택 세대'라 한다면, 1980년대 초반 이후에 태어난 세대는

구분	단독주택	다가구주택	다세대주택	연립주택	아파트	계
1979	132,354	–	–	30,262	88,432	251,048
1980	122,683	–	–	11,965	76,889	211,537
1981	50,861	–	–	12,283	86,693	149,837
1982	63,498	–	–	33,073	94,849	191,420
1983	93,548	–	–	30,933	101,509	225,990
1984	64,583	–	–	38,597	118,867	222,047
1985	50,210	–	–	45,038	132,114	227,362
1986	41,300	–	–	94,905	152,047	288,252
1987	61,377	–	–	35,176	147,748	244,301
1988	73,005	–	–	65,069	178,496	316,570
1989	61,883	–	68,634	21,265	310,377	462,159
1990	105,445	–	125,583	18,314	501,036	750,378
1991	69,189	–	101,622	18,190	424,082	613,083
1992	53,276	–	43,417	9,248	469,551	575,492
1993	52,004	–	80,431	22,878	540,006	695,319
1994	42,380	–	42,548	16,604	521,322	622,854
1995	24,039	31,671	48,862	17,212	497,273	619,057
1996	27,571	33,692	50,111	18,210	462,548	592,132
1997	33,348	19,600	39,319	19,219	484,949	596,435
1998	20,022	3,751	9,139	7,418	265,701	306,031
1999	27,731	6,041	17,958	7,640	345,345	404,715
2000	23,451	11,326	56,890	10,242	331,579	433,488
2001	24,583	24,871	204,407	8,592	267,401	529,854
2002	26,329	26,994	220,563	7,963	384,692	666,541
2003	24,769	17,404	68,181	6,265	468,763	585,382
2004	22,319	11,918	20,988	3,697	404,878	463,800
2005	20,432	7,367	15,718	4,613	415,511	463,641
2006	28,636	9,075	14,223	4,678	412,891	469,503
2007	38,851	12,599	23,184	4,696	476,462	555,792
2008	40,057	13,610	50,421	4,044	263,153	371,285
2009	40,743	13,922	24,513	5,426	297,183	381,787
2010	44,703	17,470	41,424	5,956	276,989	386,542
2011	49,903	23,194	106,270	13,465	356,762	549,594

단위: 호

전국 주택 유형별 건설 실적 | 출처: 국토해양통계누리(https://stat.molit.go.kr)

아파트에서 태어나고 자라 집은 곧 아파트라고 인식하며 살았던 세대로 봅니다.

아파트는 평수만 있지 공간은 없습니다. '30평대 아파트' 하면 방 세 개에 거실 크기 얼마 등이 공식처럼 정해진 일률적 평면이죠. "난 몇 평에 살아." 하면 척하고 공간 구성이 나옵니다. 그런 세대가 자라서 이제 결혼할 나이가 됐죠. 그 세대는 그다지 어려움 없이 살아서 대부분 세계 각지에 여행도 다니고 문화적으로는 많이 성숙했는데, 사는 공간에 대해서는 언제나 똑같은 평면과 낮은 높이에 대한 불만이 생긴 것입니다. 아파트의 가격이 30평을 기준으로 한다면 서울의 경우 최소 7-8억 원이고, 경기도만 해도 최소 4-5억 원이 넘지요. 그렇다고 이 아파트가 과거처럼 1년 뒤엔 몇 천만 원씩 오르느냐 하면, 그렇지 않다는 걸 이제 젊은이들도 알게 된 거죠. 예를 들어 경기도에 4-5억 원짜리 아파트를 사서 결혼 생활을 하는 것보다 그 돈이면 30평 정도의 작은 땅을 사서 개성 있는 나만의 집을 알차게 지을 수 있다는 생각을 한 거겠죠. 경기도의 경우 땅 값이 평당

600-700만 원 정도 하니까 땅 값을 2억 원으로 치고, 공사 면적 30평 전후를 기준으로 공사비, 설계비, 가구 구입비, 세금을 합쳐 1억 5,000만-2억 원이면 가능하다는 계산이 나옵니다. 또한 지금의 젊은이는 공간이 클 필요도 없다고 생각하는 것 같아요. 어렵게 살던 부모님 세대는 큼직하고 여유 있는 삶을 원했지만, 젊은이들은 작아도 실속 있고 재미있는 공간, 좁아도 넓어 보이는 공간, 다양하고 특색 있는 수납공간 등을 원하는 것 같아요. 이제는 워낙 많은 정보가 공유돼 건축주가 건축가보다 훨씬 더 많은 것을 알고 있어요. 건축가들도 많이 배워야 합니다.

(황수현) 까만집 설계 당시 건축가의 개입을 최소화하고 그에 따라 설계비를 낮춰야 한다는 얘기를 했습니다. 어떻게 그게 가능한지 구체적으로 설명해주실 수 있을까요? 이런 의견이 건축가들 사이에서 확대돼 작은 집 공급이 활발해지는 데 기여할 수 있을까요?

(이병익) 개입을 최소화한다는 의미는 내부의 꾸밈, 즉 인테리어를 말하는 것입니다. 저의 경우는 감각적으로 공간을 분배하고 재미와 즐거움을 줄 수 있는 공간을 만들어내는 데 집중하는 편입니다. 그리고 내부 설계는 건축주의 의견을 존중하고 의견을 공유하는 정도로만 관여합니다. 설계할 때 건축주에게 인테리어는 굳이 (건축가에게) 설계를 의뢰할 필요가 없다고 말하기도 해요. 왜냐하면 일종의 낭비기 때문이죠.

일반인은 집을 설계할 때 설계비에 감리 비용을 포함해 말합니다. 설계에는 건축 설계뿐 아니라, 구조 설계, 전기나 기계 설비 설계, 조경 설계, 통신 설계, 토목 설계 등이 있습니다. 감리 비용은 건축 허가 후 공사가 완료될 때까지 현장에서 공사 진행 사항을 점검하고, 디테일, 공법 등을 현장 지도하는 비용입니다. 거기에 각종 민원을 방지하도록 유도하고 구청의 인허가 업무도 진행합니다. 설계비에 줄일 수 없는 부분이 있다는 거죠. 아무리 규모가 작은 소형 주택이라도 이런 절차는 모두 이뤄져야 하니까요. 그래서 일부 건축가는 주택 설계에 최소 2,000만 원 이상 받아야 한다고 주장합니다. 충분히 일리가 있습니다. 건축사(가)의 업무로 볼 때 이는 당연한 대가입니다.

그러나 수년 동안 소형 주택을 설계해온 경험으로 볼 때 공사비 2억 원 이하의 소규모 주택에 설계비를 2,000만 원 이상 요구한다면 아무리 설계안이 훌륭해도 선뜻 의뢰하기는 힘들 겁니다. 저는 주택 설계비를 공사비의 대략 5-8퍼센트로 책정합니다. 원래 적정 설계비가 공사비 10퍼센트 수준인 데 비하면 적은 비용이죠. 이게 가능한 이유는 쓸데없는 설계를 줄이는 건데, 그게 인테리어 설계 및 3D설계입니다. 인테리어에 대한 의견은 충분히 제시해드리고, 선택은 건축주에게 맡깁니다. 3D 설계는 스케치로 대신합니다. 제 스케치가 나름대로 3D 못지 않습니다. (웃음)

제 얘기는, 일반인들이 당연히 들어가야 하는 비용은 잘 인지하지 못하는 반면 줄일 수 있는 인테리어에는 너무 많은 돈을 쓴다는 것입니다. 요즘 빌라 같은 데서 하는 이른바 '아트월(artwall)' 같은 게 왜 필요할까요. 새로 지은 아파트에 이사한 친구 집에 놀러 갔는데 난리도 아니더군요. 현관부터 대리석을 붙이기 시작해서 벽 전체를 대리석으로 두르고 천정에는 칙칙한 간접 조명과 요란스러운 인테리어 등 돈으로 치장을 했더라고요. 마치 고급 술집에 온 것 같았어요.

제가 자주 쓰는 건축 언어가 있습니다. '열림과 비움의 공간' '채 나눔' '박스 주택' '중정(안채와 바깥채 사이의 작은 마당)의 도입' '간결' '실용' 등인데요, 건축은 공간 구성을 어떻게 하느냐에 따라 즐거움과 재미를 줄 수 있다는 매력이 있습니다. 그 언어에 건축주가 요구하는 공간을 추가로 도입하는 거죠.

이런 의견이 건축계에서 수용될지 생각은 해보지 않았습니다. 지금도 몇 백만 원에 대충 설계를 해주거나 시공사가 설계를 겸하는 경우도 많이 있습니다. 이게 의욕적인 건축가들이 소형 주택 설계를 꺼리는 이유입니다. 소형일수록 오히려 설계는 더 어렵고 공은 많이 드는 데 반해 돈은 안되지요.

(황수현) 소장님이 동네 건축가를 자임하게 된 계기가 있나요? 집이 삶을 바꾼다는 모토는 어떻게 나온 것인 가요?

(이병익) 6-7년 전인 것 같은데요. 저도 그 때까지는 큰 건축을 해서 돈을 많이 벌고 싶었습니다. 직원도 여럿 있었고요. 그런데 아파트값이 무차별로 오르더니 가격이 오른 상태로 안정이 되기 시작했어요. 상가 신축도 급격하게 줄었고 그러다 보니 당연히 건축 경기가 침체되기 시작했죠. 건축가들에게 돈이 되는 설계는 아파트와 상가, 공장 같은 설계지요. 설계할 건 별로 없고 면적은 커서 설계비도 많이 받을 수 있거든요. 설계비는 보통 평당의 개념이라 크고 간단한 설계일수록 돈이 되지요. 물론 주택은 작아서 돈이 안 되고요.

2006년도에 정말 간만에 강화 창후리에 지인의 집을 설계했습니다. 사실 그 동안은 다가구, 다세대주택은 설계했어도 단독주택 설계가 거의 없었어요. 그 때까지만 해도 건축가들이 단독주택을 설계할 기회가 별로 없어서 단독주택 설계도 아파트 평면을 그대로 옮겨다 그려주는 정도였죠. 그런데 그때 꽤 신경 써서 설계를 했고 처음으로 직접 공사까지 하게 됐어요. 재미는 있었는데 많이 힘들었습니다. 그때 건축주와 이런저런 얘기를 많이 했습니다. 앞으로는 이런 단독주택 시장이 건축가들이 살 길이라는 말을 그때 건축주께서 하시더라고요. "아파트는 이제 더 이상 오르기 힘들 것이다. 사람들은 서서히 주택으로 이동할 것이다." 그 때 건축주도 서울에서 아파트에서 살다가 처분하고 시골로 내려가려고 집을 지으신 것이었지요. 그 다음 해 강화도에서 또 한 채의 집을 설계하고, 서울 신원동, 경상도 의성에도 집을 지었습니다.

집을 설계하고 지으면서 집에 관해 다시 생각하게 되었습니다. 설계만 하는 사람은 현장 경험이 없어서 설계할 때 현장 여건을 고려하지 않고 작품으로만 생각하는 경우가 많습니다. 직접 집을 짓다 보니 어떤 것이 과잉 설계인지, 어떤 것이 현실성 없는 설계인지 파악하게 되더군요. 많은 걸 느꼈습니다. '동네 건축가'라는 말도 그 뒤에 사용한 것 같습니다. 동네 작은 주택의 경우 돈이 많아서 집을 짓는 게 아니라 삶을 대부분 바꾸려는 의지에서 집을 짓는다는 사실을 알았습니다. 동네 건축가는 이런 보통 사람들에게 좀 더 친밀함을 느끼게 하기 위한 말입니다. 집을 지어드린 건축주 분들은 하나같이 집을 짓고 나서 생활이 바뀌고, 삶이 바뀌었다고 얘기합니다. 저도 그 기분을 느끼기 위해 집을 설계합니다. 획일적 아파트 구조에서 독립적이고 즐거운 나만의 공간이 생겼다는 것만으로도 삶이 바뀔 수 있다는 사실 때문에요.

(황수현) '땅콩집' 이후 단독주택에 대한 열기는 한 풀 꺾인 느낌입니다만, 작은 집에 대한 사람들의 잠재적 관심은 여전합니다. 앞으로 국내 주택 트렌드는 어떻게 바뀔까요?

(이병익) 개인적으로 땅콩집을 좋아하지 않습니다. 땅콩집이 나올 때 전 고개를 저었습니다. 사람마다 각자

의 생각이 다르고, 생활이 다르고, 직업도 다르고, 자라온 환경도 다릅니다. 아파트라는 공동주택에서 주택으로 이동할 때는 '나만의 공간' 을 꿈꿀 겁니다. 땅콩집 디자인 자체는 개성 있지만 마당을 공유한다거나 양쪽이 똑같은 형태로 지어진 모습은, 독립성도 떨어지고 프라이버시도 확보되지 못합니다. 그래서 그 즉시 "저건 아닌데." 했습니다.

최근 경기도에 타운 하우스를 설계했는데요, 1, 2층 합쳐 전용면적 25평 규모에 다락이 딸린 2층집입니다. 각각 독립적 대지(80평)와 정원(40평)을 갖춘 집인데, 분양가가 대지 가격 포함 4억 원 정도였습니다. 인근의 동일 평수 아파트의 가격과 비슷하거나 약간 적죠. 내부 공간도 동일하지 않고 건축주가 원하는 바에 따라 조금씩 다릅니다. 외관은 간결하고 단순하고요. 상당히 인기가 높아서 이미 선 분양이 끝났습니다.

물론 이를 새로운 주택의 흐름이라고는 보지는 않습니다만, 전원이 아닌 도시 외곽에 타운 하우스 형태를 띤, 조금씩 다른 개성을 지닌 미니멀한 2층 규모의 소형 주택은 나름대로 경쟁력이 있다고 봅니다. 또한 재개발이 안 되는 도심의 작은 대지도 눈여겨봐야 합니다. 내년부터는 건축법에서 도로 사선제한이 없어지면서, 좁은 도로에서도 용적률 범위에서 반듯한 건축이 가능해졌습니다. 4미터 도로의 좁은 골목은 대지 규모도 대부분 30-40평 정도입니다. 저는 이런 곳에서 소형 주택의 새로운 시도가 많이 싹틀 거라고 봅니다.

지금은 다양성의 시대인 것 같습니다. 누구보다 개성이 강하고 독특합니다. 낭비도 모르고, 철저하게 계산하고, 개인주의적 성향도 있습니다. 또 다양한 욕구도 있습니다. 부모에게 오래된 집을 물려받기 시작한 세대는 오래된 구옥을 헐고, 자신의 욕구와 개성에 맞는 집을 원할 겁니다. 새로운 주택의 흐름은 도심이거나 도시 외곽이거나 관계없이 각자의 개성에 대한 표현일 것 같습니다.

도판 출처

출처가 없는 도판은 모두 지은이가 제공했다.

26-31쪽   정영한
56-93쪽   안기현, 이민수
87쪽   이병익
91-93쪽   이병익
112-119쪽   서현
138-149쪽   신경섭
166-177쪽   윤준환
199-211쪽   이인미
232-239쪽   강주형, 이강수